108 課綱 學習重點對照表

線上下載，最新、最完整的教學計畫：http://2web.tw/73b5

課別	課程名稱	領域學習表現/議題實質內涵	
一	認識 Inkscape	資 E10	了解資訊科技於日常生活之重要性。
		科 E1	了解平日常見科技產品的用途與運作方式。
		藝 1-III-2	能使用視覺元素和構成要素，探索創作歷程。
二	超萌小兔兔	資 E6	認識與使用資訊科技以表達想法。
		綜 2d-III-2	體察、分享並欣賞生活中美感與創意的多樣性表現。
		藝 1-III-2	能使用視覺元素和構成要素，探索創作歷程。
三	趣味插畫創作	資 E6	認識與使用資訊科技以表達想法。
		藝 1-III-2	能使用視覺元素和構成要素，探索創作歷程。
		綜 2d-III-2	體察、分享並欣賞生活中美感與創意的多樣性表現。
四	我的個人標章	資 E6	認識與使用資訊科技以表達想法。
		綜 2d-III-1	運用美感與創意，解決生活問題，豐富生活內涵。
		數 s-III-5	以簡單推理，理解幾何形體的性質。
		藝 1-III-2	能使用視覺元素和構成要素，探索創作歷程。
五	我的昆蟲圖卡	資 E8	認識基本的數位資源整理方法。
		國 5-III-6	熟習適合學習階段的摘要策略，擷取大意。
		綜 2c-III-1	分析與判讀各類資源，規劃策略以解決日常生活的問題。
		藝 1-III-2	能使用視覺元素和構成要素，探索創作歷程。
六	校園生活寫真集	資 E8	認識基本的數位資源整理方法。
		綜 2d-III-2	體察、分享並欣賞生活中美感與創意的多樣性表現。
		藝 1-III-2	能使用視覺元素和構成要素，探索創作歷程。
七	小熊做體操 - GIF動畫	資 E6	認識與使用資訊科技以表達想法。
		藝 1-III-3	能學習多元媒材與技法，表現創作主題。
		健 2d-III-1	分享運動欣賞與創作的美感體驗。
八	3D列印小吊飾	資 E6	認識與使用資訊科技以表達想法。
		科 E7	依據設計構想以規劃物品的製作步驟。
		藝 1-III-6	能學習設計思考，進行創意發想和實作。
		數 s-III-3	從操作活動，理解空間中面與面的關係與簡單立體形體的性質。

本書學習資源

行動學習電子書

完全教學網站

單元	頁次	教學與學習活動
1-1	P08	為什麼要學 Inkscape
1-2	P10	用 Inkscape 可以做什麼
懂更多	P12	下載與安裝 Inkscape
1-3	P14	Inkscape 介面介紹
1-4	P16	小試身手 - 填色練習
繪圖加油站	P25	免費 SVG 圖庫
	P26	練功囉

影音、動畫・高品質教學

模擬介面・互動學習

網站集成・補充教材

Inkscape 官網

Pixabay 免費圖庫網

依據十二年國教課綱編寫，統整式課程設計，3D科技應用，創客課程，促進多元感官發展。

臺北市校園國小

全書範例

第6課　第7課　第8課

scape

▶ 全課播放

課程資源	播放檔	時間
點陣圖與向量圖 阿達兔-填色遊戲	▶	01:19
	▶	01:20
Inkscape官網 Inkscape下載	▶	00:50
認識Inkscape介面	▶	02:46
範例下載	▶	06:30
Pixabay免費圖庫網	▶	00:33
測驗遊戲 練習題目 黑白線條稿		

課程遊戲、高學習動機

測驗遊戲‧總結性評量

範例練習用圖庫‧延伸學習、個別差異

黑白線條稿

立體感卡通圖案

公仔圖案

目 錄

胡蘿蔔不要跑

1 認識 Inkscape

- 認識 Inkscape 與填色練習

本課重點

◎ 用 Inkscape 可以做什麼
◎ 知道向量與點陣圖的差異
◎ 基本填色與邊框設定

1 為什麼要學 Inkscape

2 用 Inkscape 可以做什麼

懂更多 - 下載與安裝 Inkscape

3 Inkscape 介面介紹

4 小試身手 - 填色練習

繪圖加油站 - 免費 SVG 圖庫

為什麼要學 Inkscape

使用【Inkscape】是一套免費的自由軟體，可以畫圖 (向量繪圖)、影像處理、製作 3D 建模的圖形、進而 3D 列印，超棒超好用！

【向量圖】與【點陣圖】的不同

電腦中的圖片有【向量圖】與【點陣圖】兩種。它們主要的差異是：

向量圖	點陣圖

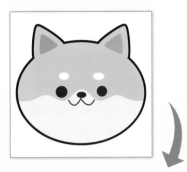

放大檢視細節，依然清晰銳利。例如：用向量軟體繪製的圖

- 檔案小 (方程式幾何圖)
- 色彩單純鮮明
- 常見的檔案格式：SVG、AI、CDR...
- 常見軟體：Inkscape、Illustrator、CorelDRAW

放大檢視細節，會出現鋸齒狀粗顆粒。例如：拍攝的相片

- 檔案大 (像素)
- 色彩豐富有層次
- 常見的檔案格式：PNG、JPG、GIF...
- 常見軟體：GIMP、Photoshop、PhotoImpact

向量圖可以無限縮放，不會有馬賽克，點陣圖放大會有馬賽克。

用 Inkscape 可以做什麼

用 Inkscape 可以畫卡通、做個人標章(公仔)、卡片、相框、寫真集、GIF 動畫用的圖像...，連 3D 建模用的圖形，也難不倒它喔！

畫卡通圖案

創作趣味插畫

製作個人標章 (公仔)

製作圖樣、卡片、海報、宣導單…

海報

昆蟲圖卡

習字卡

製作相框、寫真集…

相框→郵票貼

寫真集

製作 GIF 動畫用圖像

動畫

製作 3D 建模用的圖形

模型 (飾品)

懂更多 下載與安裝 Inkscape

① 啟動瀏覽器，開啟 Inkscape 官網 (https://inkscape.org)

② 按【DOWNLOAD】(下載)，點選【Download】(下載)

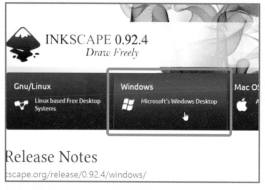

③ 點選【Windows】

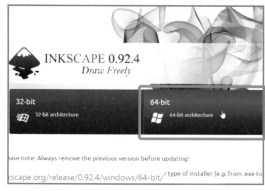

④ 點選【64-bit】(64位元)

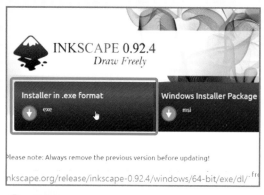

⑤ 點選【Installer in .exe format】(以 exe 安裝)

⑥ 開始下載，可在左下角看到進度

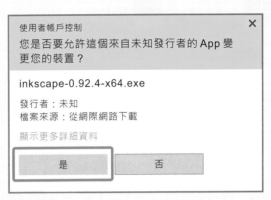

7️⃣ 下載完成後，點一下安裝檔名稱開始安裝

8️⃣ 按【是】

9️⃣ 選擇【中文(繁體)】，按【OK】

🔟 接著在每個詢問視窗上，按【下一步】

⑪ 最後按【安裝】，就會實際安裝到電腦裡囉！

⑫ 安裝完成後，按【完成】

③ Inkscape 介面介紹

按 ⊞，點選【 Inkscape】或快速點兩下桌面捷徑 ，
啟動軟體。

1 標題列

顯示檔名

2 功能表

所有功能都在這裡

3 命令列

常用的工具按鈕，例如
新增、開啓、儲存、匯
入、匯出...等等。
(命令列若位於右側，就
按【檢視 / 預設】移到
上方)

4 工具控制列

工具的屬性設定。不同
的工具，會顯示不同的
按鈕

5 工具箱

所有繪圖的工具。可經
由偏好設定來更改顯示
大小 (選擇最大時，有
些工具會收進 ≫ 裡)

6 調色盤

點選色票來填色。拖曳下方捲軸，可瀏覽所有色票

這裡所呈現的是
放大工具按鈕後的介面。
後面會教大家如何
放大喔！

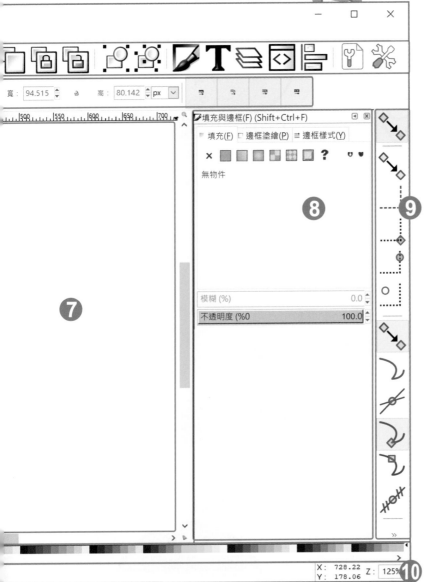

7 編輯區

繪圖與編輯圖案的工作
區。可將它視為【畫布】

8 工作窗格

對應選擇的工具，顯示
該工具的細部選項。

例如按 開啟【填充
與邊框】窗格

9 貼齊控制列

各種貼齊控制鈕

10 狀態列

顯示目前填色狀態、圖
層的顯示／隱藏、鎖定／
解鎖與工具使用提示…

小試身手 - 填色練習

從簡單的填色開始學習 Inkscape，是一個最快入門的好方法喔！
讓我們先欣賞以下幾個範例，然後填出一隻美麗的蝴蝶吧！

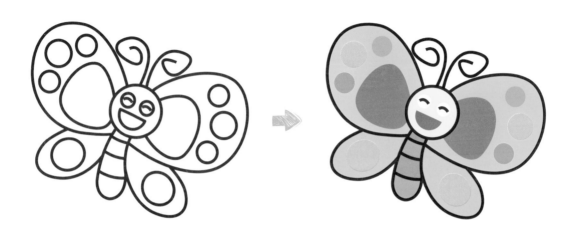

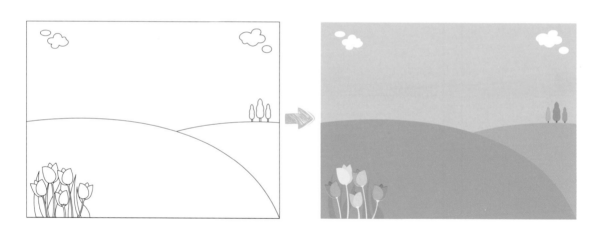

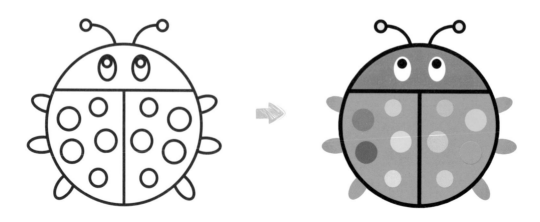

放大工具按鈕

預設的工具按鈕偏小不好辨識，讓我們將它們變大吧！

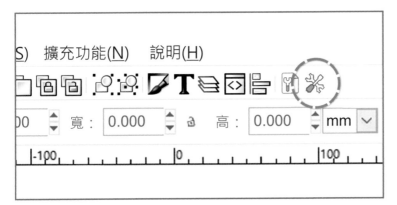

❶

按命令列上的 ✂ 【偏好設定】

也可以按【編輯/偏好設定】來開啟。

❷

Ⓐ 點選【介面】

Ⓑ 工具箱圖示大小 選擇【Larger】(較大)
控制列圖示大小 選擇【Larger】(較大)
次工具列圖示大小 選擇【Large】(大)

接著按 ⊠ 關閉偏好設定

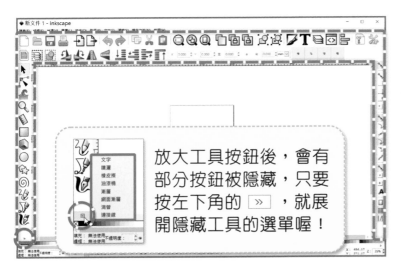

放大工具按鈕後，會有部分按鈕被隱藏，只要按左下角的 》，就展開隱藏工具的選單喔！

❸

關閉 Inkscape 之後，再重新啟動 Inkscape，工具按鈕全都變大囉！

開啟範例檔案

接下來，讓我們開啟一張蝴蝶的黑白線條稿，來練習填色吧！

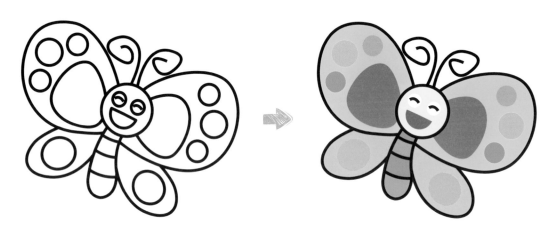

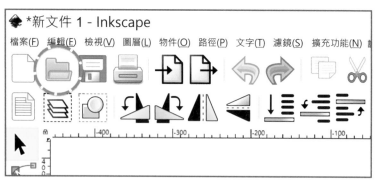

① 按 【開啟現有的文件】

② 點選老師指定檔案(01-蝴蝶-線條稿.svg)，按【開啟】

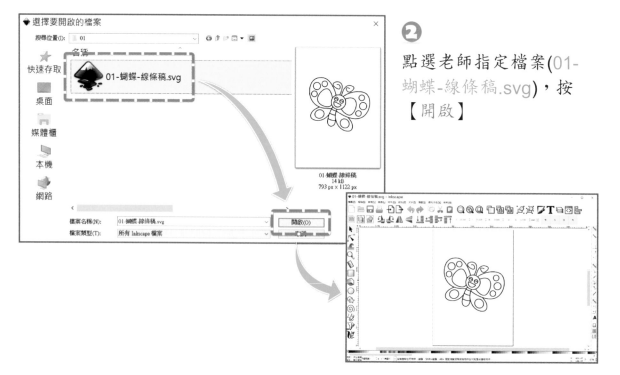

各種顯示方式

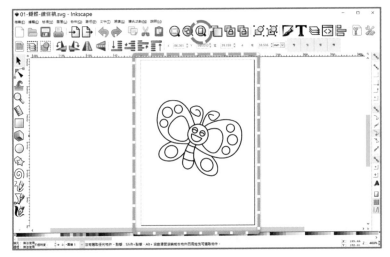

① 按一下 ，可整頁顯示

② 按一下 ，可讓繪圖部分充滿編輯區

③ 用 點選某圖案 (物件)，按一下 ，可讓選取的部分充滿編輯區

設定填充與邊框色彩

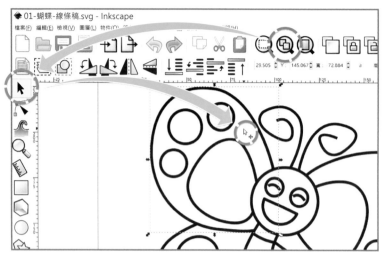

❶

按一下 🔍，讓繪圖部分充滿編輯區

按 ▶ 【選取和變形物件】工具，然後點選左上方的翅膀

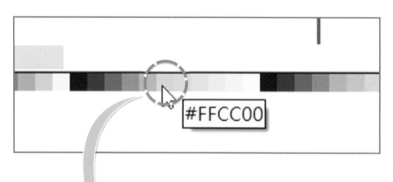

❷

到調色盤，在 ⬜ (#FFCC00)色票上，按一下左鍵填入該色彩

小提示

游標移到色票上，就會顯示色彩編號喔！

哇！
超簡單！

❸

接著陸續點選其他圖案
(觸鬚除外)，填入喜歡的
色彩吧！

拖曳調色盤下方的捲軸，
可瀏覽其他色票、進行點
選。

在空白處點一下，可取消
選取喔！

❹

按 ▶ ，點選左方觸鬚

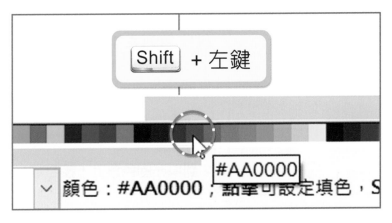

❺

按住 Shift ，再點一下 █
(#AA0000)色票，設定邊
框色彩

填充 - 直接用左鍵點色票
邊框 - Shift + 左鍵點色票

6

接著完成另一個觸鬚的邊框色彩設定

移除邊框

1

按 ，點選眼睛的眼白部分

小提示

若不好點選，可以點一下眼白邊框，就能選到囉！

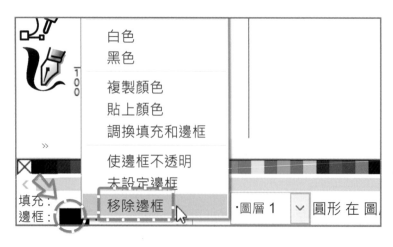

白色
黑色

複製顏色
貼上顏色
調換填充和邊框

使邊框不透明
未設定邊框
移除邊框

填充：
邊框：

2

到狀態列左下方邊框色票上，按右鍵，點選【移除邊框】

小提示

到填充的色票上，按右鍵，可移除填色。

❸

接著移除另一個眼白的邊框

❹

最後把嘴巴與翅膀斑紋的邊框也都移除吧！

彩色的蝴蝶完成囉！趕快存起來！

 老師說

按住 Shift 不放，再點選，可以複選多個物件。複選後，再移除邊框，就可一次全部移除，省時又省力喔！

另存新檔

為了以防萬一，養成隨時存檔的好習慣非常重要喔！
另外若是開啟舊檔來修改或繼續編輯，最好用【另存新檔】來儲存，
就不會覆蓋掉原檔案，這也是另一種備份的概念喔！

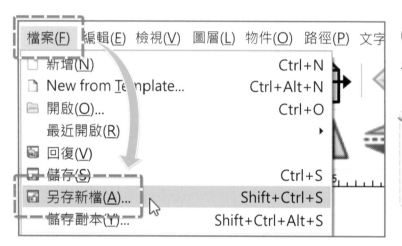

①

按【檔案 / 另存新檔】

小提示

若是從無到有繪製而成，
可以直接按 🖫 或【檔案 /
儲存】儲存檔案喔！

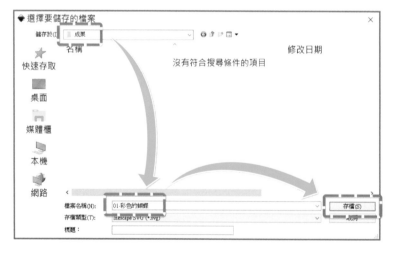

②

開啟儲存資料夾，檔名輸
入【01-彩色的蝴蝶】，
然後按【存檔】，就另存
完成囉！

Inkscape 的預設存檔格式是【SVG】，也是它的原始檔喔！
可以隨時開啟，來修改或繼續編輯。

繪圖加油站 **免費 SVG 圖庫**

在【Pixabay】(https://pixabay.com) 這個網站上，有超多 SVG 向量圖案讓大家免費下載使用喔！

◎ 用 Google Chrome 瀏覽器開啟網站，可用翻譯功能翻成中文。接著記得先按右上角的 **A**【註冊】註冊一組帳號密碼 (要再去信箱收信做驗證)

回到首頁，再按 **B**【矢量】(向量) 瀏覽所有向量圖形

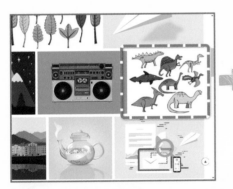 

◎ 點選想要的向量圖，接著按 免費下載→點選矢量圖形→按下載，就會開始下載 (過程可能會要求登入) (下載的預設儲存資料夾是【本機 / 下載】)

◎ 用 Inkscape 就可以開啟下載的 SVG 向量圖來使用囉！

在圖形 (或圖案) 上按右鍵，點選【解散群組】，即可再修改顏色、形狀、增刪圖案喔！

( ) **1** 下面哪個是繪圖軟體？

　　　1. Writer　　　　　2. Impress　　　　3. Inkscape

( ) **2** 放大顯示後，品質依然清晰的是哪種型態的圖？

　　　1. 向量圖　　　　　2. 點陣圖　　　　3. 拼圖

( ) **3** 要點選圖案(物件)，要用哪個工具？

　　　1. 🔍　　　　　2. ▧　　　　3. ➤

( ) **4** Inkscape 的原始檔格式是？

　　　1. CDR　　　　　2. AI　　　　3. SVG

任選本書光碟【進階練習圖庫】中【黑白線條稿】裡的檔案，
為它填上色彩吧！(完成越多，加分越多喔！)

示範參考

2 超萌小兔兔

- 用幾何圖形與貝茲曲線來畫圖

來畫
可愛的我吧！

本 課 重 點

◎ 學會畫幾何圖形
◎ 學會使用貝茲曲線
◎ 學會編輯節點

1 來畫可愛的卡通圖案

2 自訂頁面大小

3 繪製兔兔頭部

4 繪製兔兔身體

5 繪製手、腳與尾巴

繪圖加油站 - 描圖學畫圖

懂更多 - 點陣圖轉向量

來畫可愛的卡通圖案

發揮創意與想像力,使用幾何圖案與線條,就可以組合、畫出任何想要的卡通圖案喔!這一課讓我們來畫一隻超萌的小兔兔吧!

這一課
我是主角喔!

學會技巧後,
可以試試看
畫我喔!

喵~

橢圓形 + 直線 + 曲線

橢圓形 + 曲線

橢圓形 + 曲線

三角形 + 直線 + 矩形

三角形 + 矩形

三角形 + 矩形 + 直線

三角形 + 矩形 + 橢圓形

三角形 + 直線 + 矩形(梯形)

2 自訂頁面大小

【頁面】就是列印的範圍。在範圍內的圖案才會被列印出來。因應需要，設定想要的頁面，會比較好判斷圖案要畫多大、邊框要設多粗與安排位置喔！

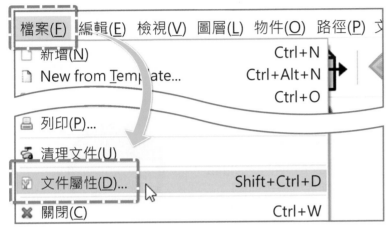

❶

按【檔案 / 文件屬性】

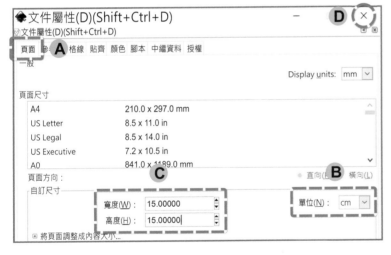

❷

Ⓐ 點選【頁面】標籤

Ⓑ 單位選擇【cm】(公分)

Ⓒ 寬度與高度都輸入【15】

Ⓓ 按 ✕ 關閉設定視窗

在【頁面尺寸】項目下，也有很多預設的尺寸可以點選。

Inkscape 預設的頁面是【A4】(21x29.7cm)。將頁面改成較小尺寸，在整頁顯示時，圖案就會顯得較大、較清楚。

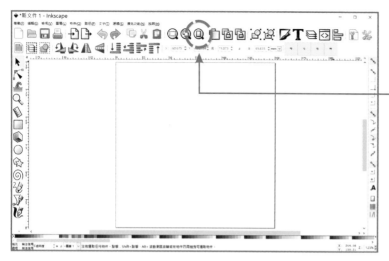

按  整頁顯示，準備開始畫圖囉！

學會設定頁面大小，以後要設計卡片、海報，就會設定尺寸囉！

老師說

在畫圖的時候，並不限只能在頁面裡畫，整個編輯區都是你的畫布。

請注意：如果要列印，必須將圖案都放到頁面裡，否則頁面外的圖案會被忽略不印喔！

另外，如果預設尺寸(例如 A4)，想要更改橫向或直向，一樣按【檔案 / 文件屬性】，在設定視窗上點選即可。

③ 繪製兔兔頭部

不要懷疑，使用圓形 (橢圓形) 與線條就能畫出超萌的小兔兔喔！讓我們從繪製兔兔的頭部開始吧！

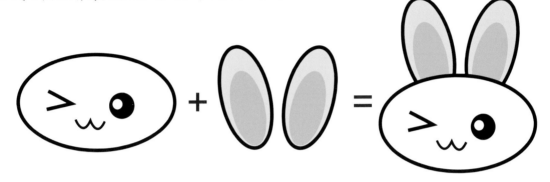

🎯 用橢圓畫圖 (臉型與眼睛)

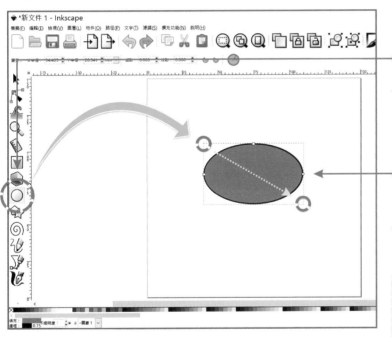

①

按 ⚪ 【建立圓形、橢圓形與弧形】工具

②

到頁面上，從左上到右下拖曳畫出一個橢圓，約圖示大小

> 你的橢圓顏色與邊框，若與圖示不同，也沒關係！往下做，結果會一樣的！

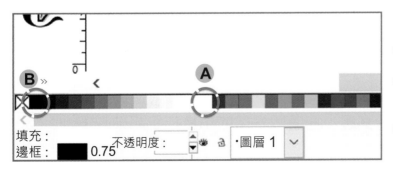

③

Ⓐ 點一下白色色票，設定填充色

Ⓑ 按住 Shift 點一下黑色色票，設定邊框顏色

④ 到邊框項目右方的數字上按右鍵

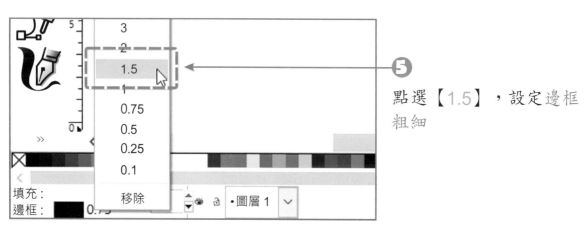

⑤ 點選【1.5】，設定邊框粗細

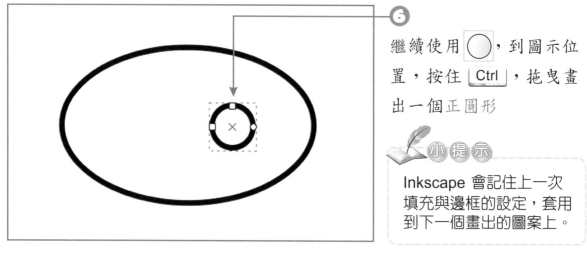

⑥ 繼續使用 ◯，到圖示位置，按住 Ctrl，拖曳畫出一個正圓形

 小提示

Inkscape 會記住上一次填充與邊框的設定，套用到下一個畫出的圖案上。

 老師說

畫好圖案後，按一下鍵盤的【空白鍵】，可以直接變成選取狀態，此時即可拖曳移動與旋轉圖案喔！把這個好用的小技巧記起來吧！

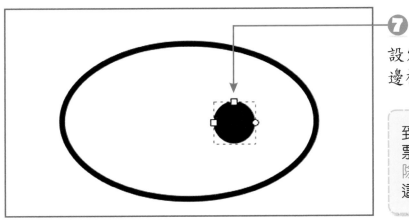

7 設定填充色為黑色、移除邊框

到【邊框】項目右方的色票上，按右鍵，點選【移除邊框】。
這在第 1 課教過囉！

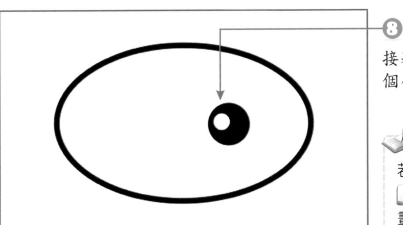

8 接著繼續在圖示位置畫一個小圓形，設定為白色

小提示

若不滿意所畫的，可以按 Ctrl + Z ，復原後再重畫喔！

 老師說

用 Inkscape 畫圖，先畫的圖案會位於下層，後來畫的會位於上層。
所以在畫之前，最好先想好什麼該先畫，什麼該後畫，這就是【圖層】的概念。例如：

先畫身體形狀 ➡ 畫肚皮 ➡ 畫眼睛、嘴巴、花紋與腳

用貝茲曲線畫圖 (眨眨眼與嘴巴)

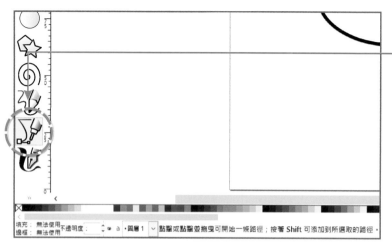

❶

按 【繪製貝茲曲線及直線】工具

小提示

畫貝茲曲線，是向量繪圖中很重要的技能。學會它，就能畫出任何想要的圖形喔！

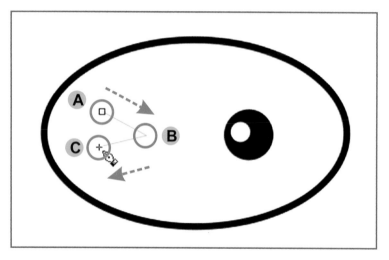

❷

到圖示位置，用點一下的方式，畫出圖示線條

最後再點一下右鍵，即可完成繪製

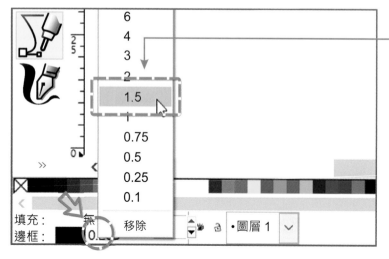

❸

到邊框項目右方的數字上按右鍵，點選【1.5】，設定線條粗細

如果你畫的線條不是黑色，記得要設定成黑色喔！

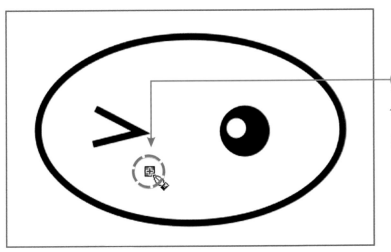

使用 ，到圖示位置
點一下，產生第 1 個節點

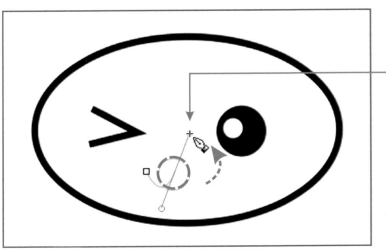

再到圖示位置點一下，產生第 2 個節點的同時，向右上方拖曳，拉出一個約如圖示的曲線

放開左鍵後，按一下右鍵，就完成繪製囉！

口訣：點、點拖曳、按右鍵

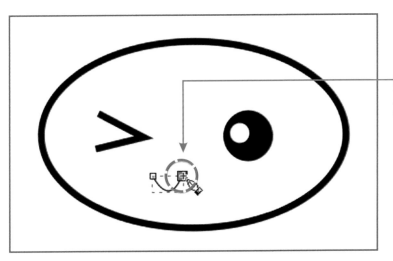

點一下第 2 個節點

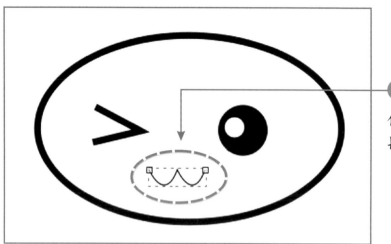

⑦ 使用 ⑤ 技巧，完成另一段曲線，變成微笑的嘴巴

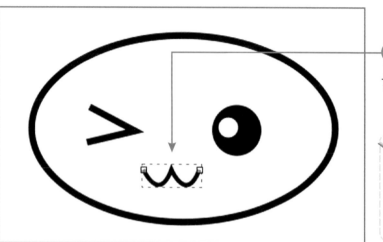

⑧ 設定曲線粗細為【1】

 小提示

畫好後，有需要的話，還可以按 ▶ 選取、縮放、移動它的位置喔！

 老師說

用貝茲曲線不僅可以畫線條，將終點與第 1 個節點接起來，就可以成為一個封閉的圖形，變成圖案喔！例如：

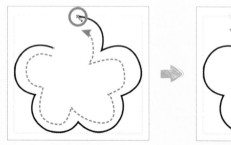

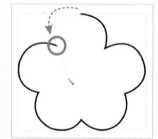

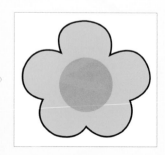

| 畫曲線 | 終點與第1個節點重疊 (拉曲線) | 填色與加工變成花 |

旋轉與安排上下順序

雖說畫圖之前最好先想好哪個要先畫哪個後畫,但也常常有不得不的狀況。例如必須先畫好臉,才會知道耳朵要畫多大...。這時候我們就可以利用調整【上下順序】的功能來安排圖層喔!

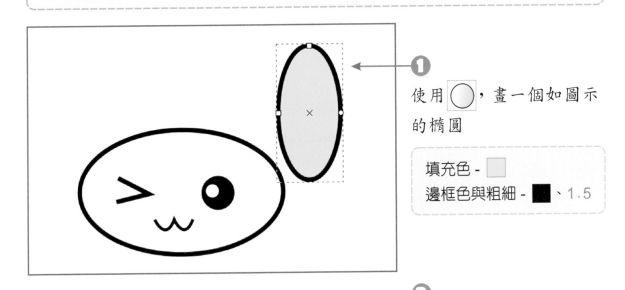

1 使用 ◯,畫一個如圖示的橢圓

填充色 - ☐
邊框色與粗細 - ■、1.5

2 在圖示位置再畫一個小一點的橢圓,完成耳朵繪製

填充色 - ☐
移除邊框

你也可以在別處畫好第 2 個橢圓,再用 ➚ 拖曳到第 1 個橢圓上,進行組合。

 小提示

在物件選取狀態下,按住 Shift,點選左下角 ☒ 可以快速移除邊框喔!

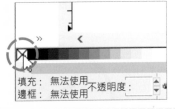

填充:無法使用 不透明度:
邊框:無法使用

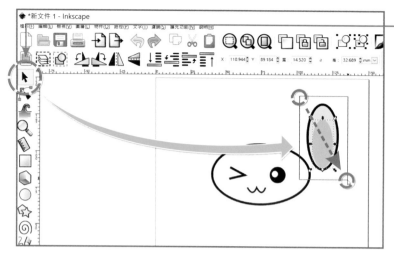

③

按 [↖]，框選耳朵(兩個圖案)

> 框選範圍一定要大過圖案，才會框選到喔！

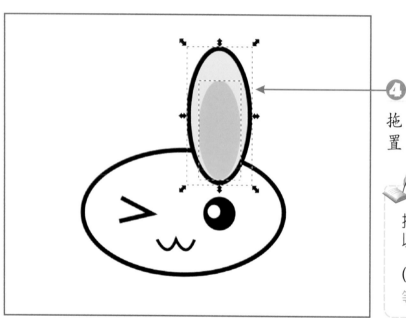

④

拖曳選取的圖案到圖示位置

🪶 小提示

拖曳選取框上的 ↕，可以自由縮放大小。

(按住 Ctrl 再拖曳，可等比例縮放)

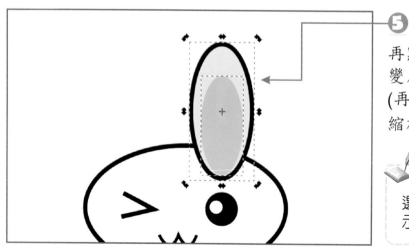

⑤

再點一下選取的圖案，使變成可旋轉的狀態
(再點一下，即可恢復可縮放狀態)

🪶 小提示

選取框上出現 ↩ 時，表示可進行旋轉。

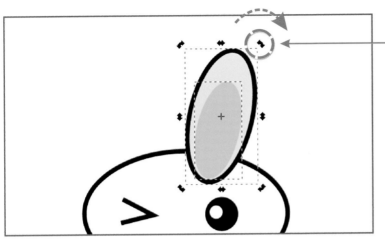

⑥ 按住右上角的 ↰，向右
拖曳，旋轉角度約如圖示

⑦ 按一下 ⬇【降低選取到
最下層】，耳朵就可移到
臉的下方囉！

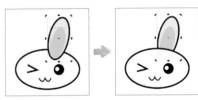

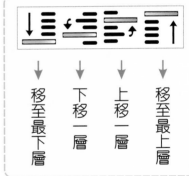

移至最下層　下移一層　上移一層　移至最上層

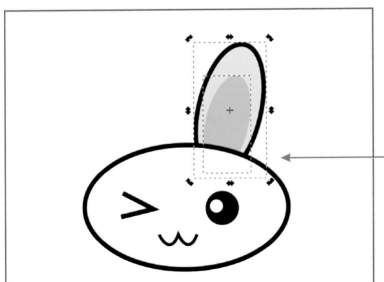

⑧ 有需要的話，可以拖曳移
動，調整一下位置喔！

再製與翻轉

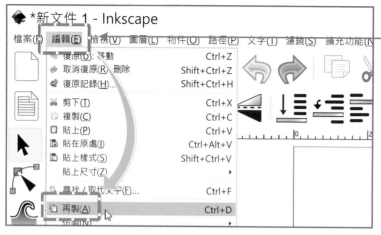

保持耳朵被選取狀態下，按【編輯/再製】，會在原位置貼上一個耳朵

小提示

用【再製】的方式，可以省去先複製、再貼上的功夫。

再製快速鍵 - Ctrl + D

複製快速鍵 - Ctrl + C

貼上快速鍵 - Ctrl + V

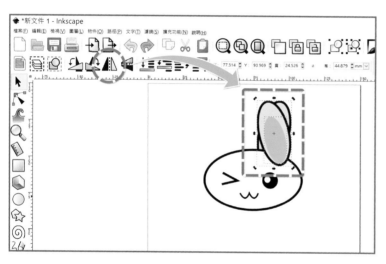

②

接著按 【水平翻轉選取的物件】

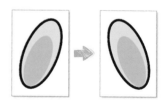

老師說

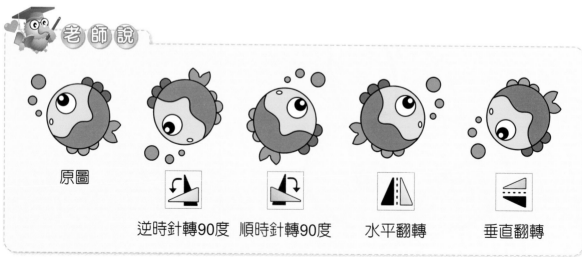

| 原圖 | 逆時針轉90度 | 順時針轉90度 | 水平翻轉 | 垂直翻轉 |

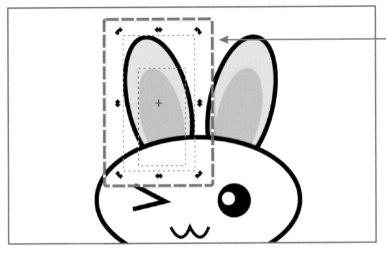

拖曳移動第 2 個耳朵到圖示位置後，按  將它移到最下層

小 提 示

按住 Ctrl 再拖曳，可絕對水平或垂直移動。

另外，你也可以用鍵盤的方向鍵來移動物件喔！

最後框選所有頭部圖案，旋轉一下角度約如圖示

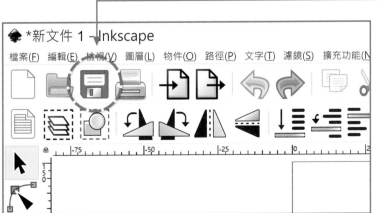

練習到這裡，按一下 🖫 預先儲存一下目前的成果 (檔名例如02-超萌小兔兔)

小 提 示

儲存快速鍵 - Ctrl + S

繪製兔兔身體

兔兔的頭畫好囉！讓我們一樣使用橢圓來畫身體。但是我們會進階用再製與編輯節點的技巧來調整形狀，趕快來學吧！

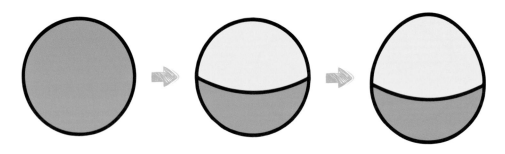

◎ 物件轉成路徑與編輯形狀

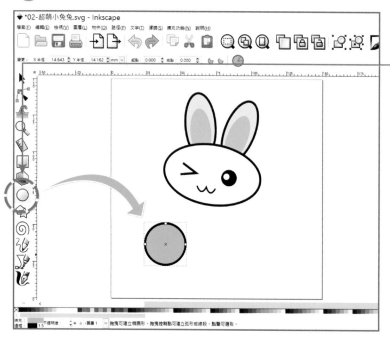

① 用 ◯ 到圖示位置畫一個圓形

填充色 - ▨ 或喜歡的顏色
邊框色與粗細 - ■、1.5

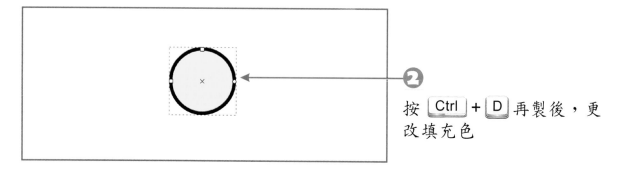

② 按 Ctrl + D 再製後，更改填充色

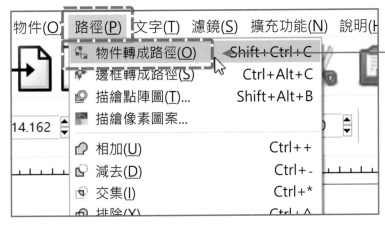

❸ 按【路徑 / 物件轉成路徑】

小提示

將物件轉成路徑，就會產生【節點】。然後可以：
1. 新增 / 刪除節點來調整形狀。
2. 拖曳節點或節點橫桿來進行變形。

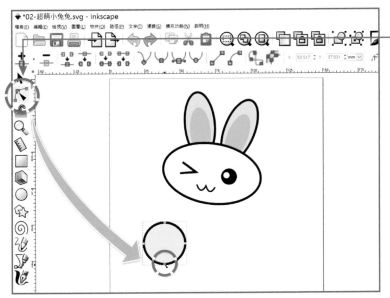

❹ 按 ✏ 【用節點編輯路徑】，然後點選下方的節點

❺ 按一下 ➖ 【刪除選取的節點】，將節點刪除

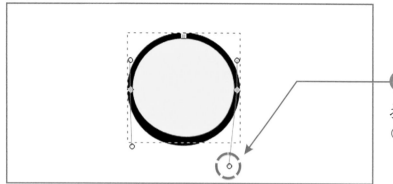

6 按住右方節點的橫桿下方 ○ 控點

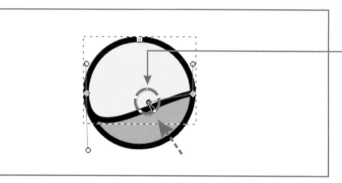

7 拖曳到圖示位置，調整形狀 (約如圖示)

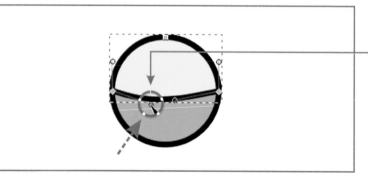

8 按住拖曳左方節點的橫桿下方控點，調整形狀如圖示

 老師說

用 除了可以刪除節點，也可以增加節點喔！方法有兩個：

方法一

在線條任一處快點兩下，可以產生一個新節點。

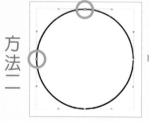

方法二

先選取多個節點，再按 ，即可在中間產生新節點。

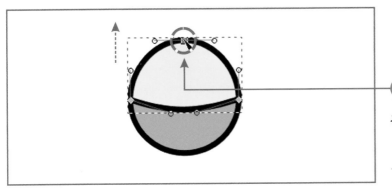

⑨ 按住上方的節點，向上拖曳，讓身體整體的形狀變成蛋形

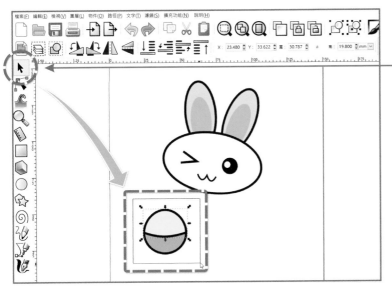

⑩ 按 ，框選身體圖案

⑪ 拖曳到圖示位置、旋轉一下，然後移到最下層吧！

小提示

取消選取後，若想再選取時，如不好框選，可按住 Shift 來複選喔！

5 繪製手、腳與尾巴

頭跟身體都畫好以後，最後就該畫手、腳與尾巴了！使用目前學到的技巧，根本就是輕而易舉！讓我們來完成吧！

1 用 ⬭ 在圖示位置畫一個小橢圓

小提示

畫得太小或太大，都能用縮放技巧來調整喔！
(調整後記得要設定粗細)

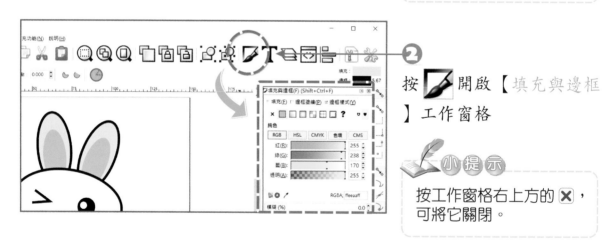

2 按 🖌 開啟【填充與邊框】工作窗格

小提示

按工作窗格右上方的 ✕，可將它關閉。

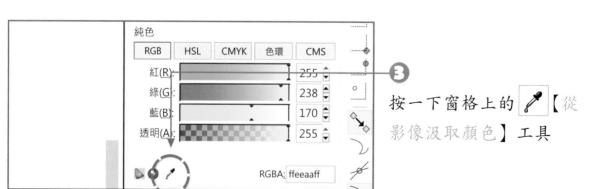

3 按一下窗格上的 🖋【從影像汲取顏色】工具

❹

以符號的✚為基準,點一
下耳朵上較淺的粉紅色,
將顏色套用到小橢圓上

小提示

圖案必須是被選取狀態,
才能汲取、套用其他影像
上的顏色喔!

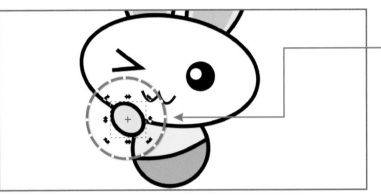

❺

按 🔺 旋轉圖案,並拖曳
到圖示位置

❻

最後利用一點時間,繪製
其他手、腳與尾巴圖案
(調整角度、位置與上下
順序),這隻超萌小兔兔
就完成囉!

記得要存檔喔!

🎯 延伸運用

繪製完成的圖案,可以應用到 Word 中當插圖,或者是 Line 的大頭照
...等各種生活上的運用喔!

拿現成的圖形當底圖，再用【描圖】的方式臨摹畫圖案，對於提升繪圖能力超有幫助喔！平時可以多多練習！

 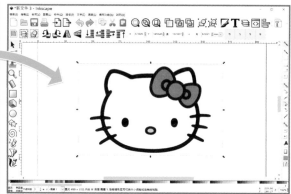

◎ 在網路搜尋、開啟圖片後，在圖片上按右鍵，點選【複製圖片】。再到 Inkscape 按 [Ctrl] + [V] 貼上圖片。(也可直接用自己的圖片來做練習)

◎ 以圖片為底圖，用各式繪圖工具開始描圖。

為了方便辨識底圖與自己畫的圖，過程中可先設定差異較大的邊框顏色與粗細。

成果

◎ 描圖完成後，點選底圖，將它刪除或拖曳到旁邊當填色參考。接著就可以針對每個圖案做填色與邊框的設定囉！

 懂更多 **點陣圖轉向量**

用 Inkscape 也可以將點陣圖轉成向量圖，再進行填色、修改喔！步驟大致如下：

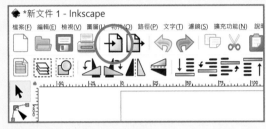

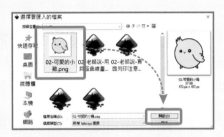

1 新增文件，按 → 【匯入點陣圖...】

2 點選點陣圖(例如範例02-可愛的小雞.png)，按【開啓】

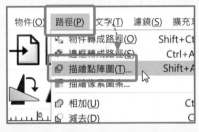

3 非必要不用更改預設值，直接按【確定】

4 按【路徑 / 描繪點陣圖】

5 點選【亮度界限值】，按【更新】→【確定】，最後按 ✕ 關閉設定

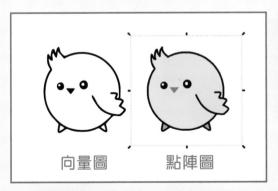

向量圖　　　點陣圖

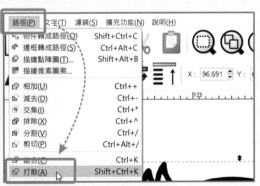

6 拖曳移開點陣圖，再按 Delete ，將它刪除

7 最後按【路徑 / 打散】，即可自訂顏色與修改形狀囉！
(打散後會呈現一片黑色，全選設定邊框顏色，就可分辨出部位)

（　）① 想設定頁面大小，要按？

　　　1. 編輯 / 偏好設定　　2. 檔案 / 文件屬性　　3. 檢視 / 畫面縮放

（　）② 設定邊框粗細，要到狀態列邊框項目的數字上做什麼？

　　　1. 按右鍵　　　　　　2. 按左鍵　　　　　　3. 點兩下

（　）③ 用貝茲曲線工具畫曲線，要在產生節點的同時做什麼？

　　　1. 拖曳　　　　　　　2. 點兩下　　　　　　3. 按右鍵

（　）④ 哪個是編輯節點工具？

　　　1. 　　　　　2. 　　　　　3. ▲

發揮創意與想像力，使用本課學到的技巧，創造出更多卡通圖案吧！(完成越多，加分越多喔！)

示範參考

50

3 趣味插畫創作

- 漸層、群組與合成

本課重點

◎ 知道平面與立體感的差異

◎ 學會漸層填色

◎ 學會匯入與匯出

1 來創作趣味插畫

2 平面兔兔變立體

3 匯入背景圖與胡蘿蔔

4 匯出成點陣圖

繪圖加油站 - 快速完成複雜圖像

來創作趣味插畫

印象中，兔子很愛吃胡蘿蔔。這一課我們將兔子與胡蘿蔔擬人化，創作一張【胡蘿蔔不要跑】(兔子追著胡蘿蔔跑) 的趣味插畫吧！

胡蘿蔔不要跑

發揮想像力與幽默感，插畫就會很有趣！

這隻兔兔怎麼感覺好立體啊？

2 平面兔兔變立體

用【單色】方式填色，就是【平面】圖案；用【漸層】方式填色，就會產生【立體感】圖案，感覺也會更細膩、更有層次！

平面圖案 → 立體感圖案

所謂【漸層】就是用兩個以上的顏色，以【漸變】的方式做變化。最常見的有【放射漸層】與【線性漸層】兩種：

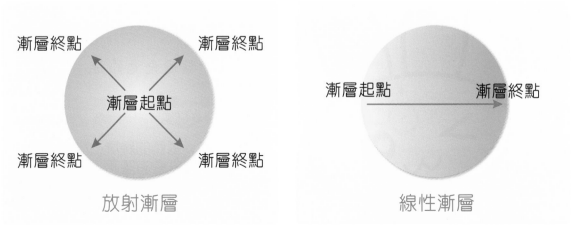

漸層終點　　　　漸層終點

漸層起點

漸層終點　　　　漸層終點

放射漸層

漸層起點　　　　漸層終點

線性漸層

◎ 用放射漸層填兔兔的臉

①

開啟第 2 課的成果或老師指定的檔案

然後按 ⬛ 開啟【填充與邊框】窗格，再按 ⬛ 最大化顯示小兔兔

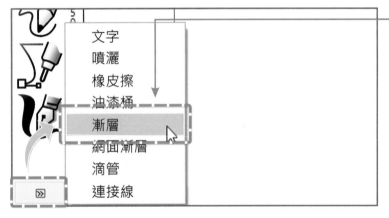

②

工具箱上若看不到 ⬛，【建立和編輯漸層】工具，就按 ⟩⟩ 點選【漸層】

小提示

在較小的軟體視窗上，或放大工具圖示後，一些工具會被隱藏起來，並不是沒有喔！

③

點選兔兔的臉

小提示

圓圓的臉填上放射漸層，就會有隆起、球狀感覺。

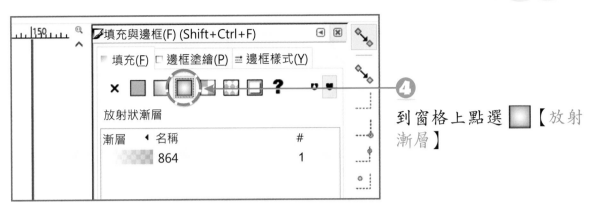

到窗格上點選 ▢ 【放射漸層】

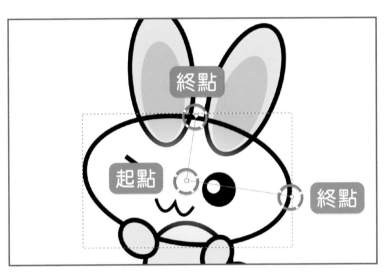

❺

在選取的圖案上就會出現漸層的起點與終點

□ 為漸層起點
○ 為漸層終點

老師說

用以下的方法，也可以啟動設定漸層模式：

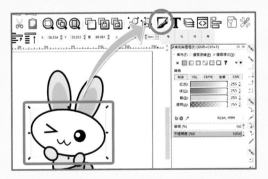

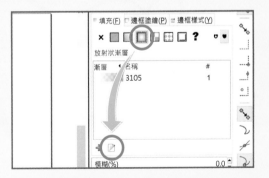

❶ 先用 ▶ 點選圖案，然後按 🖊 開啟【填充與邊框】窗格

❷ 點選漸層方式 (▢ 或 ▢)，再按 📝 【編輯漸層】鈕

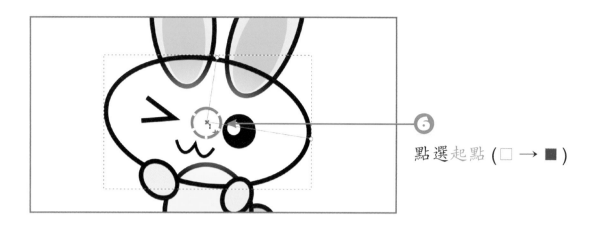

6 點選起點 (□ → ■)

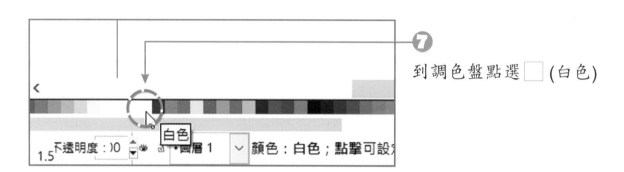

7 到調色盤點選 □ (白色)

8 點選終點 (○ → ●)

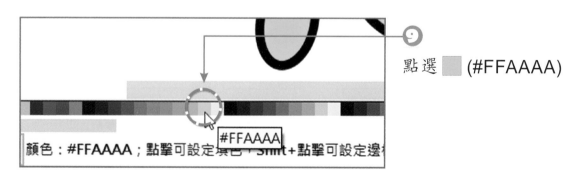

9 點選 ▨ (#FFAAAA)

⑩

拖曳起點到圖示位置

⑪

拖曳終點到圖示位置

小 提 示

你也可以拖曳另一個終點
調整位置喔！

⑫

接著利用一點時間，陸續
完成手、腳與尾巴的放射
漸層設定吧！

完成後，按 ↖ 到空白處
點一下，取消選取

🎯 用線性漸層填耳朵

用漸層工具點選右邊耳朵的下層圖案，然後按 【線性漸層】

② 點選起點，設定顏色為 ▢ (#FFD5D5)淡粉紅色 (或你喜歡的顏色)

③ 點選終點，設定顏色為 ▢ (#FFAAAA) 粉紅色 (或你喜歡的顏色)

④

拖曳調整起點與終點的位置 (約如圖示)

⑤

接著使用相同技巧，設定左邊耳朵的線性漸層

 老師說

用以下的方法可以自訂漸層的起點與終點色彩：

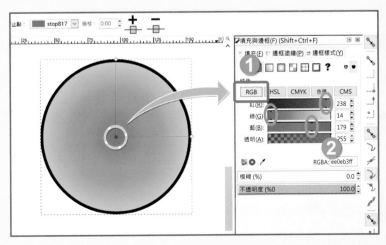

❶ 點選起點或終點，在【RGB】標籤下

❷ 到紅、綠、藍色盤中，點選、調配出想要的顏色 (在圖案上會立即顯示自訂的色彩)

◎ 移除邊框與群組

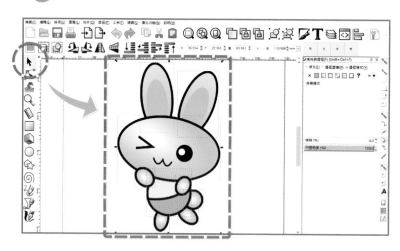

① 按 [↖]，再按住 [Shift]，
複選耳朵、臉、手、腳、
身體與尾巴圖案
(眼睛與嘴巴除外)

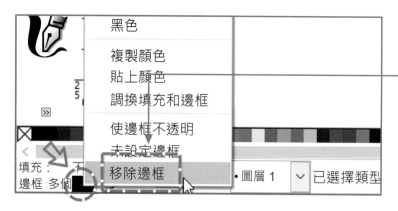

② 到調色盤【邊框】項目的
色票上，按右鍵，點選
【移除邊框】

③ 接著點選身體的圖案，更
換一下填充色，讓身體更
醒目吧！

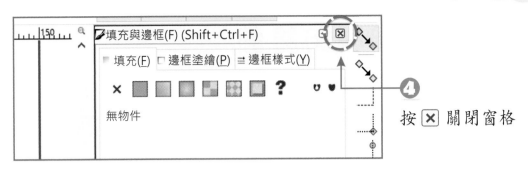

④

按 ⊠ 關閉窗格

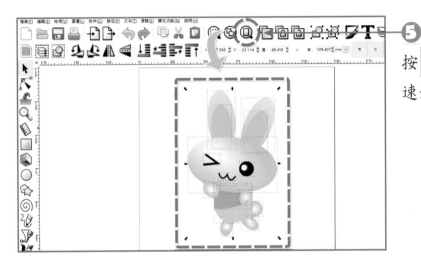

⑤

按 🔍 整頁顯示後，按快
速鍵 Ctrl + A 全選圖案

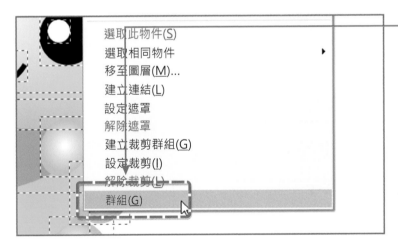

⑥

在圖案上按右鍵，點選
【群組】

群組後的圖案，就可以一
起移動、縮放與旋轉囉！

 小提示

想解散群組，一樣在圖案
上按右鍵，點選【解散群
組】即可。

練習到這裡，按【檔案 / 另存新檔】，儲存一下本課第 1 個成果吧！
(檔名例如：03-立體感小兔兔)

匯入背景圖與胡蘿蔔

為了節省時間，老師已經準備好背景圖與胡蘿蔔圖形囉！讓我們將它們匯入、組合成一張插畫吧！

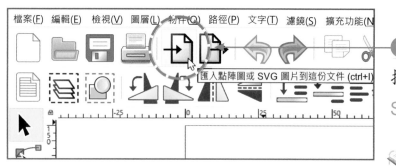

❶

按 【匯入點陣圖或 SVG圖片到這份文件】

小提示

支援匯入的檔案很多，常見的例如 SVG、PNG、JPG...等等。

❷

點選老師指定背景圖，按【開啟】

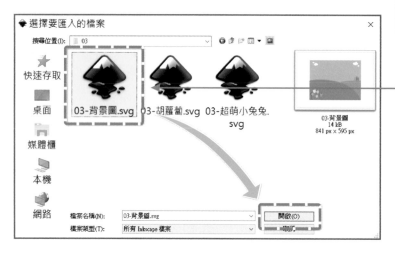

❸

按 移動最下層後，拖曳背景圖到頁面約正中央位置

按 ▶，再按住 Ctrl ，拖
曳框線控點等比例縮小兔
兔，然後拖曳到圖示位置

小提示

縮放時，若眨眨眼與嘴巴
的線條粗細沒有跟著縮放
，可以參考下方老師說來
解決喔！

按 ⬅ 匯入胡蘿蔔圖片，
安排位置如圖示

這張趣味插畫就完成囉！
按【檔案／另存新檔】儲
存起來吧！(檔名：03-胡
蘿蔔不要跑)

 老師說

縮放圖案時，若線條 (邊框)
的粗細不會跟著縮放，就按
✂ (偏好設定)，到【行為／
變形】下，勾選【縮放邊框
寬度】，就可以讓線條跟著
縮放囉！

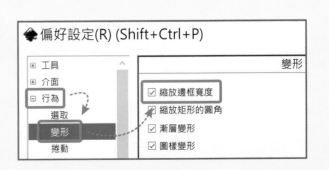

4 匯出成點陣圖

將插畫成果匯出成點陣圖，可以做更多應用，例如插入到文件、簡報，或發表到社群網站 (IG、臉書...) 分享給大家欣賞喔！

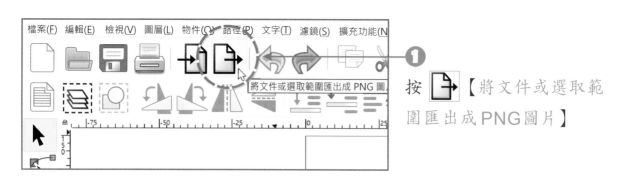

❶

按 ↱【將文件或選取範圍匯出成 PNG 圖片】

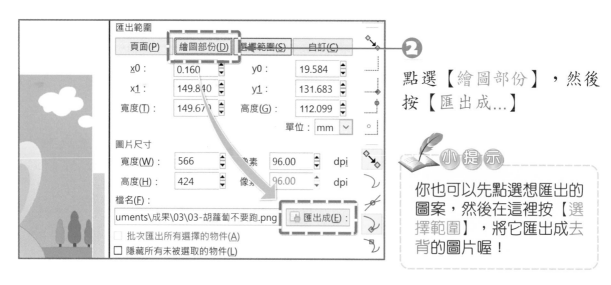

❷

點選【繪圖部份】，然後按【匯出成...】

小提示

你也可以先點選想匯出的圖案，然後在這裡按【選擇範圍】，將它匯出成去背的圖片喔！

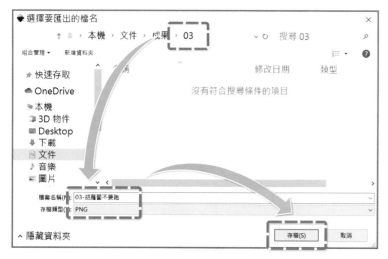

❸

開啟儲存資料夾，檔名輸入【03-胡蘿蔔不要跑】，然後按【存檔】

④ 最後按下【匯出】，就完成囉！

開啓儲存資料夾，點兩下匯出的圖片，就會以預設的軟體開啓圖片喔！

 繪圖加油站　快速完成複雜圖像

綜合使用再製(複製)、改色、縮放、群組...技巧，就可以輕鬆快速完成看似要花很多時間繪製的圖像喔！例如：

◎ 先畫好一朵花

◎ 再製後，縮放、更改填色

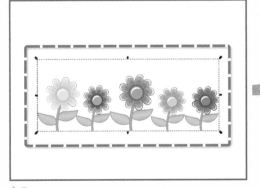

◎ 繼續再製、改色、縮放，然後群組

◎ 再製群組後的圖形、縮放大小，就可以變成一片花海囉！

以此類推，用一棵樹，可以變成森林；一根草，可變成草原；一塊磚頭，可變成一面牆；一顆星星，可變成星空...電腦繪圖真是妙用無窮啊！

( )1 按哪個鈕，可以開啓【填充與邊框】工作窗格？

　　1. ⬚　　　　2. 🖌　　　　3. 📚

( )2 哪個是漸層的起點？

　　1. □　　　　2. ○　　　　3. △

( )3 想匯入外部的圖形，要按？

　　1. ⬆　　　　2. ➡　　　　3. 📁

( )4 想將繪圖或影像編輯成果匯出成點陣圖，要按？

　　1. ⬆　　　　2. ➡　　　　3. 📁

使用本課學到的技巧，用漸層將自己畫過的卡通圖案變成立體感圖案吧！(完成越多，加分越多喔！)

示範參考

4 我的個人標章

- 剪裁與濾鏡

本課重點

◎ 學會如何剪裁
◎ 學會手繪形狀 (圖案)
◎ 學會使用濾鏡

1 獨一無二的個人公仔

2 大頭照去背

3 匯入身體組合成公仔

4 變成個人標章

繪圖加油站 - 自己設計動作

獨一無二的個人公仔

除了簽名、蓋章，還有什麼可以代表你自己呢？創造一個專屬的個人公仔，是個好主意喔！這一課讓我們將大頭照【去背】，然後與卡通風格的身體圖案做組合，做出可愛又獨一無二的個人公仔吧！

② 大頭照去背

在照片上畫出一個形狀範圍，就可將照片按照形狀【剪裁】出來。
利用這個功能，我們就能將大頭照【去背】(去除背景)囉！

訣竅： 範圍內的，會保留　範圍外的，會去除

　→　一般剪裁　

　→　去背剪裁　

◎ 匯入大頭照

❶
按 ⬇，匯入【04-大頭
照.png】，然後按 🔍，
將照片顯示最大化

徒手繪製剪裁範圍

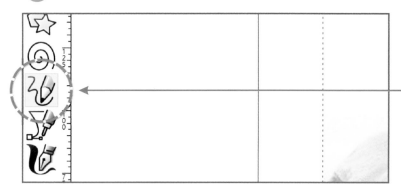

1 按 ✍ 【繪製手繪線】

2

按住左鍵，沿著頭部的邊緣，細心、慢慢地繞一圈

繞回到起點，游標變紅色節點，放開左鍵 (起點與終點接在一起)

3

完成剪裁範圍的製作 (黑色框的形狀圖案)

 小提示

不滿意畫的形狀，可以按 Ctrl + Z 復原後，再重畫喔！

🎯 剪裁

❶

按 [▶]，再按住 [Shift]，複選手繪形狀與照片

✏️ 小提示

手繪的形狀，沒有填充色，想點選它，要點框框才行喔！

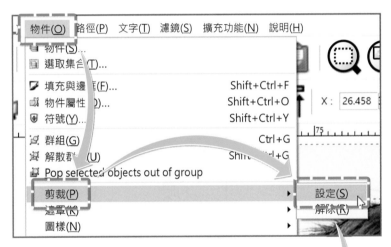

❷

按【物件】，點選【剪裁 / 設定】，大頭照就去背完成囉！

✏️ 小提示

按【物件 / 剪裁 / 解除】可解除剪裁狀態。

好簡單喔！
我也要用自己的照片
來去背！

③ 匯入身體組合成公仔

頭部已經去背好囉！接著讓我們匯入一個預先畫好的身體圖案，跟頭部組合一下，變成個人專屬的公仔吧！

匯入身體圖案

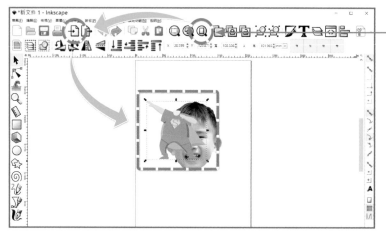

① 按 🔍 整頁顯示後，接著按 📥 匯入【04-超人身體.svg】

② 🔗 貼齊功能若被打開，(顯示藍底)，這時就按一下它取消貼齊，會比較方便自由安排位置

❸

先把頭部移到最上層，再使用縮放、旋轉的技巧，就可組合成圖示公仔囉！

最後群組一下，再儲存起來吧！(檔名例如：04-我的個人公仔)

個人公仔的應用

你可將個人公仔應用到卡片、海報、告示牌、寫真集...超多地方喔！

用功中，請勿打擾

告示牌

最近好嗎？

天氣變冷了，要注意保暖喔！

卡片

麻吉三人組

寫真集

節能減碳愛地球

● 隨手關燈節能源
● 除舊佈新換家電
● 多吃蔬食少吃肉
● 鐵馬步行兼保健

海報

變成個人標章

有了個人公仔，就可以應用到超多地方！讓我們畫一個星星、加上濾鏡特效，與公仔結合起來，變成個人標章吧！

嘿！
我可不是站在星星上，
而是
從星星裡站出來喔！

繪製圓角星星

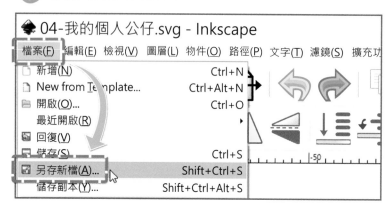

❶
按【檔案 / 另存新檔】，命名為【04-我的個人標章】預先儲存一下

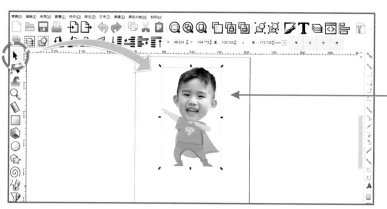

❷
用 ➤ 將公仔移到頁面上方約圖示位置

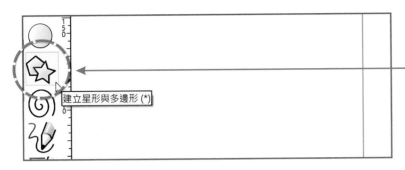

3

按 【建立星形與多邊形】工具

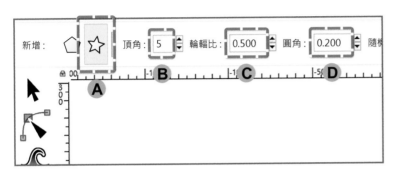

4

設定：

A 點選 【星形】

B 頂角 - 5 (尖角數)

C 輪幅比 - 0.5 (內半徑與尖角半徑比例)

D 圓角 - 0.2

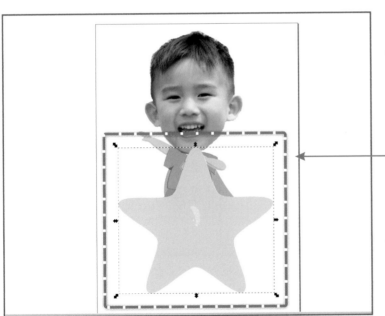

🪶 小提示

這些數據，也可以在畫出星形後再設定喔！

5

拖曳畫出一個星形

🪶 小提示

顏色與大小若與圖示不同沒有關係喔！我們待會兒會設定。

🦉 老師說

下次再畫星星時，會自動套用上一次的設定。想恢復預設值，就按一下工具控制列上的  即可。

讓公仔從星星站出來 - 複合形狀剪裁

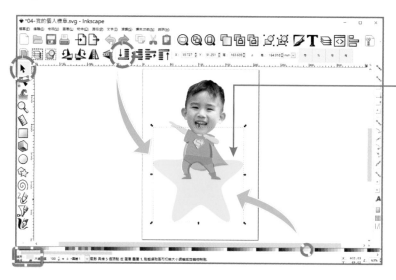

① 按 ▶ ，再按 ⬇☰ 將星星
移到最下層，然後設定：

> 填充色 - ⬜ (#FFE680)
> 邊框 - 無

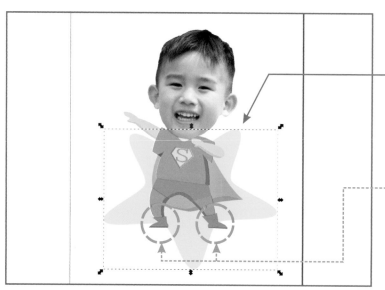

② 縮放與旋轉星星、安排位
置約如圖示

注意：
要讓腳的部分圖案，超出
星星外

 老師說

設計標章，除了加入圖案外，
還可以加上文字喔！(如何加
上文字，在第 5、6 課會有詳
細介紹。)

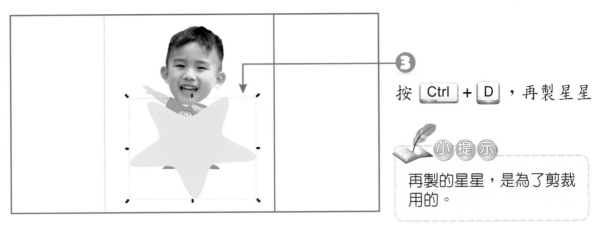

3 按 Ctrl + D ，再製星星

小提示

再製的星星，是為了剪裁用的。

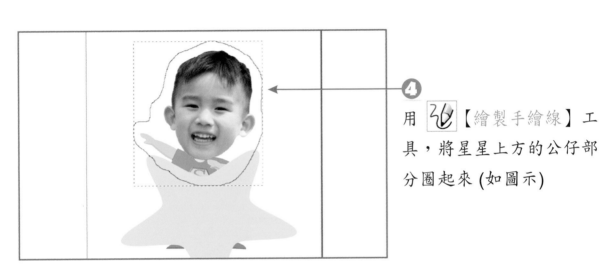

4 用 【繪製手繪線】工具，將星星上方的公仔部分圈起來 (如圖示)

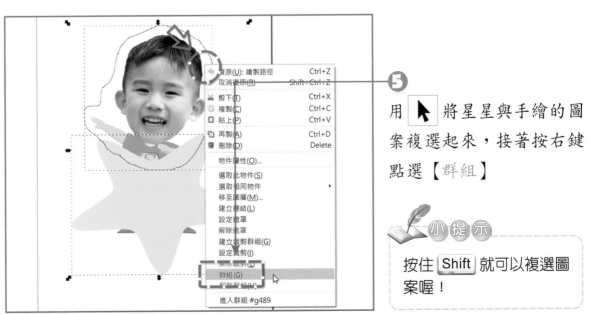

5 用 將星星與手繪的圖案複選起來，接著按右鍵點選【群組】

小提示

按住 Shift 就可以複選圖案喔！

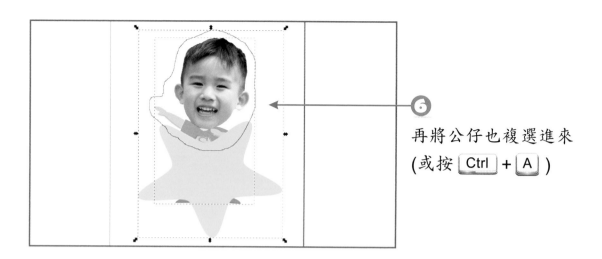

6 再將公仔也複選進來
(或按 Ctrl + A)

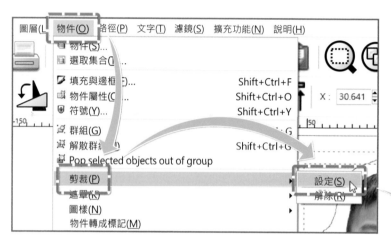

7 按【物件 / 剪裁 / 設定】
，公仔就會像是從星星裡
面站出來囉!

我從星星裡面
站出來囉!

套用濾鏡

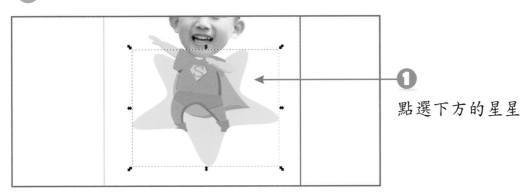

❶ 點選下方的星星

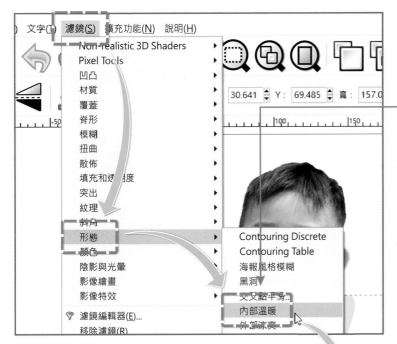

❷ 按【濾鏡 / 形態 / 內部溫暖】，星星就會有朦朧又閃亮的感覺喔！

小提示

想取消濾鏡效果，按【濾鏡 / 移除濾鏡】即可。

套用濾鏡後，還可以變更星星的填充色，來變換色調喔！

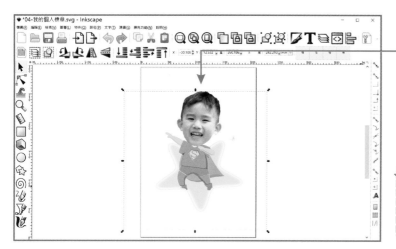

最後按 Ctrl + A 全選圖案，群組一下，個人標章就完成囉！記得*存檔*喔！

小提示

可以順手將個人標章移到頁面正中央喔！

◎ 濾鏡效果用到飽

Inkscape 內建超多濾鏡，大家有空可以體驗一下！(不同填充色，即使用相同濾鏡，也會有不同的感覺喔！)

凹凸 / 皺紋亮光漆

材質 / 立體珍珠母

脊形 / 折射凝膠 B

扭曲 / 粉筆和海綿

散佈 / 樹葉

紋理 / 絲織地毯

繪圖加油站　自己設計動作

解散公仔身體，再使用 (節點編輯)、 (貝茲曲線) 與各種繪圖工具，就可以自己設計公仔動作喔！例如：

◎ 調整袖子的圖案形狀、繪製手臂、旋轉頭部角度，即可自訂動作！
(自己繪製全新的身體，那就更獨一無二啦！)

進階練習圖庫　公仔動作

本書光碟【進階練習圖庫】中【公仔動作】圖案，可以讓你做設計練習喔！

( )① 想幫照片【去背】，可用哪個功能？
　　1.群組　　　　　　2.剪裁　　　　　　3.打散

( )② 幫照片剪裁的形狀，要放在照片的上面還是下面？
　　1.上面　　　　　　2.下面　　　　　　3.皆可

( )③ 剪裁形狀範圍內的影像，會被？
　　1.去除　　　　　　2.保留　　　　　　3.消失

( )④ 用哪個工具可以徒手繪製形狀(圖案)？
　　1.　　　　　　　2.　　　　　　　3.

將自己的大頭照去背，再選用【進階練習圖庫】中【公仔圖案】
，組合成自己的專屬公仔吧！

示範參考

5 我的昆蟲圖卡

- 圖樣與文字

歡迎光臨
蝴蝶王國！

本 課 重 點

◎ 學會如何製作圖樣

◎ 學會到網路找素材

◎ 學會輸入文字與設定

臺灣的美麗生物

臺灣素有蝴蝶王國的美稱，孕育了很多美麗的蝴蝶，其中老師最喜歡的是【臺灣鳳蝶】。我們就以牠為主題，做一張昆蟲圖卡吧！

可是我沒有蝴蝶的照片耶...

照片到【維基百科】找就對啦！

② 用圖樣做底圖

在生活中充滿了由【圖樣】構成的東西，例如卡片底圖、包裝紙、床單、衣服...等等，應用層面非常廣喔！讓我們來學習創作圖樣、將它變成卡片底圖吧！

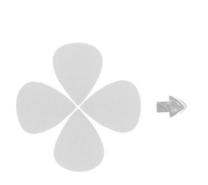

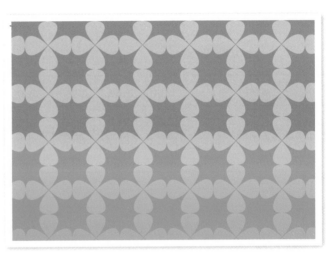

🎯 圖案轉成【圖樣】

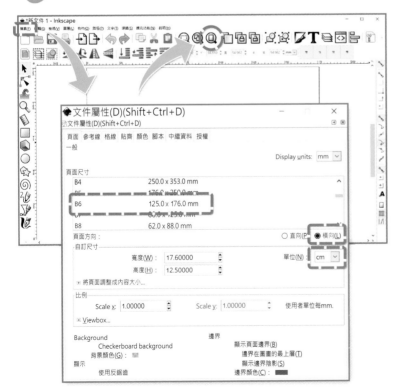

❶

設定頁面大小為 B6、橫向 (或17.6 x 12.5 cm)

按 🔍 整頁顯示

🖊 小提示

自訂頁面大小，在第 2 課就學過囉！

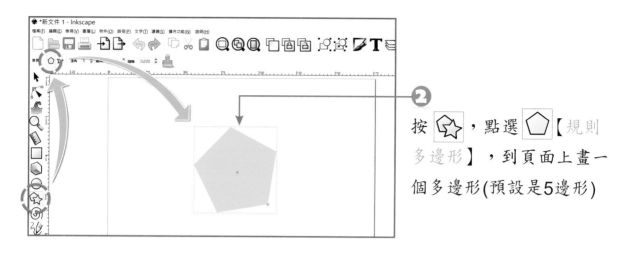

按 ，點選 【規則多邊形】，到頁面上畫一個多邊形(預設是5邊形)

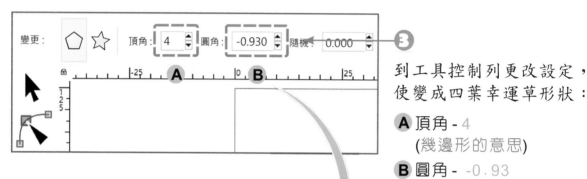

到工具控制列更改設定，使變成四葉幸運草形狀：

Ⓐ 頂角 - 4
(幾邊形的意思)

Ⓑ 圓角 - -0.93
(圓角數值越大越圓)

老師說

就跟畫星星一樣，在畫多邊形時，也會自動套用上一次的設定。想恢復預設值，就按 一下控制列上的  即可。

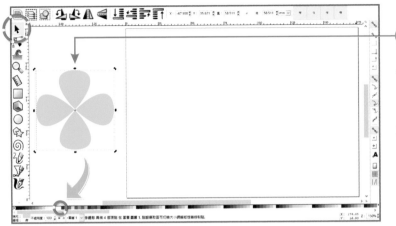

用 ▶ 旋轉圖案(如圖示)，拖曳到頁面外，然後填充色設定為 ☐(白色)

④

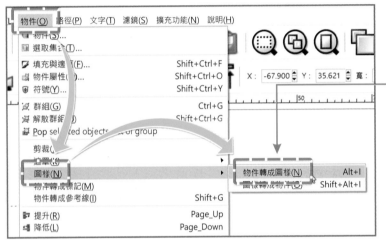

⑤

按【物件 / 圖樣 / 物件轉成圖樣】

繪製漸層底圖與套用圖樣

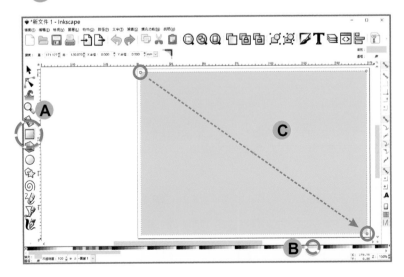

①

畫矩形底圖：

Ⓐ 按 ☐【建立矩形與正方形】工具

Ⓑ 先隨意設定一個填充色 (避免畫出白色的矩形)

Ⓒ 在頁面裡，拖曳畫出一個矩形 (長方形)

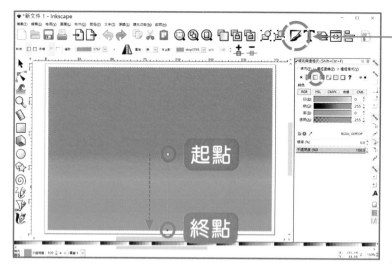

按 ，開啟填充與邊框
窗格，然後設定線性漸層
如圖示

起點色 - █ (#5599FF)
終點色 - █ (#00FF00)

小提示

漸層填色在第 3 課就學過
囉！

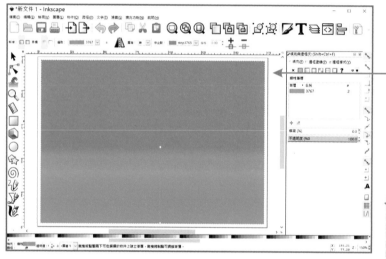

接著按 Ctrl + D 再製一
個矩形，準備用來套用圖
樣

小提示

套用圖樣的圖案，會變鏤
空，所以需要再製一個圖
案貼在底圖上。

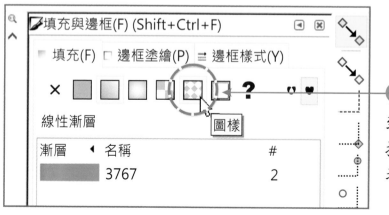

到填充與邊框窗格上，
按▨【圖樣】，就會自動
填入最近一次建立的圖樣

⑤

哇！圖樣好大呀！讓我們來調整一下大小吧！

🎯 調整圖樣大小、位置與透明度

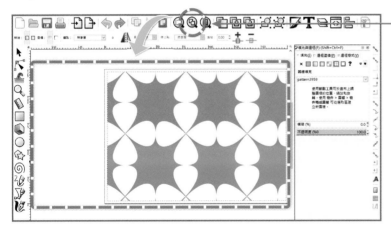

①

按 🔍 使所有圖案充滿視窗 (全部顯示)

小提示

原幸運草圖案因填上白色，所以它的位置看起來像是空白，其實它還在喔！

②

用 ▶ 點兩下圖樣圖案，在原幸運草的地方，會出現 3 個符號

✕ - 調整位置
○ - 調整角度
□ - 調整大小

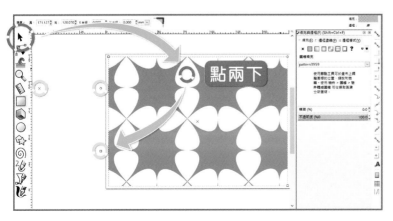

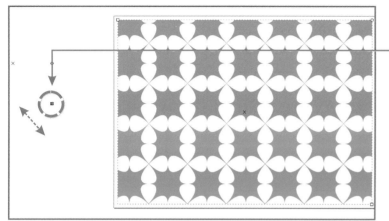

③ 先按住 Ctrl，再按住 □ 拖曳，等比例縮放圖樣大小如左圖

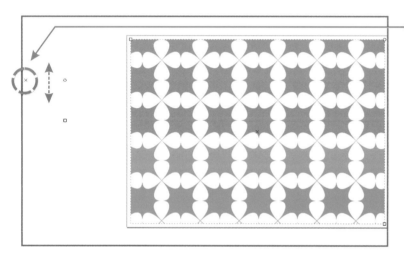

④ 有需要的話，按住 × 拖曳，調整圖樣位置

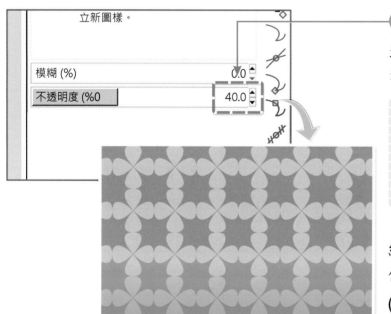

立新圖樣。

模糊 (%)   0.0

不透明度 (%0   40.0

⑤ 到填充與邊框窗格，將不透明度調整約【40】

方法有三：
1. 直接更改數值欄的數字
2. 按數值欄的 ▲ ▼
3. 拖曳不透明度橫軸

練習到這邊，按 🖫 預先儲存一下檔案吧！
(檔名例如：05-昆蟲圖卡)

3 查找照片與編排

主題是【臺灣鳳蝶】，當然要用牠來當主角囉！讓我們到【維基百科】去搜尋、下載，編排成卡片的主視覺吧！

◎ 到維基百科找照片

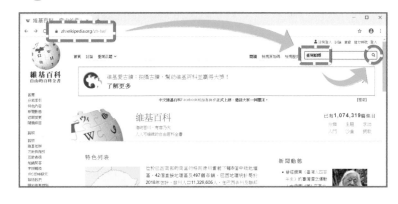

①

上網開啟維基百科首頁
(https://zh.wikipedia.org/zh-tw/)

到右上方搜尋欄輸入【臺灣鳳蝶】，按 Q 搜尋

②

網頁上有圖文並茂的介紹喔！接著，點一下你想要下載的照片

這裡就以右側的圖示照片(雌蝶) 做示範練習

③

以大圖方式顯示照片囉！點一下右下方的 ⬇
(下載此檔案)

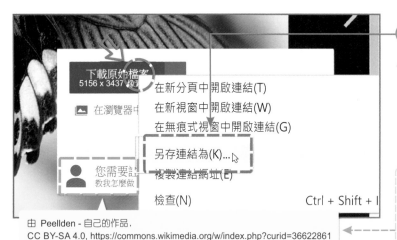

❹
在 下載原始檔案 5156 x 3437 像素 jpg 上按右鍵，點選【另存連結為...】

在新分頁中開啟連結(T)
在新視窗中開啟連結(W)
在無痕式視窗中開啟連結(G)

另存連結為(K)...
複製連結網址(E)

檢查(N)　　　　　　　Ctrl + Shift + I

由 Peellden - 自己的作品,
CC BY-SA 4.0, https://commons.wikimedia.org/w/index.php?curid=36622861

按【您需要註明作者】，就會顯示需要註明作者的文字內容喔！

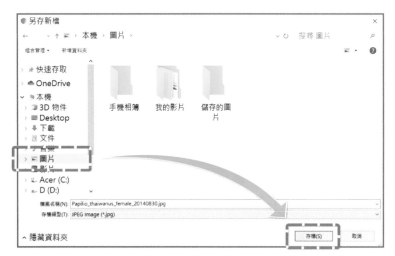

❺
開啟儲存資料夾，直接按【存檔】，就可以將照片下載到電腦囉！

老師說

維基百科中的圖片、文字內容，都是經過授權，可以分享使用的。但還是要注意尊重智慧財產權，不可販賣或宣稱是自己的作品喔！

◀拖曳網頁捲軸到最下方，可看到作者姓名與創用 CC 標示。

想更了解創用 CC，到以下網站看看吧！

CC台灣社群網站：
https://cc.ocf.tw

匯入照片與製作陰影

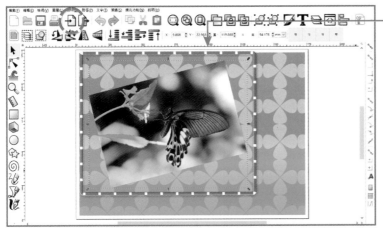

❶

按  匯入下載的蝴蝶照片，然後等比例縮小、旋轉、並安排到圖示位置

> 善用顯示模式，是編輯版面的基本技巧喔！

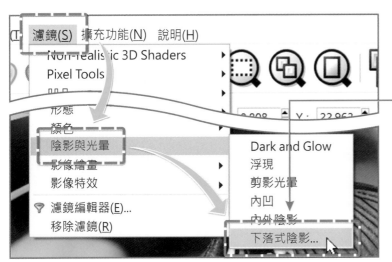

❷

按【濾鏡 / 陰影與光暈 / 下落式陰影】

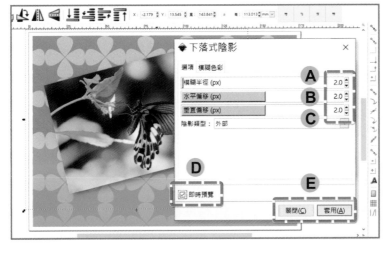

❸

接著設定：

Ⓐ 模糊半徑 - 2.0

Ⓑ 水平偏移 - 2.0

Ⓒ 垂直偏移 - 2.0

Ⓓ 勾選即時預覽預看效果

Ⓔ 按【套用】後，按【關閉】

4 製作標題

接著要來製作圖卡的標題囉！除了最基本的文字外，讓我們用陰影、白框與彩色效果，將標題變得更精緻、漂亮吧！

◎ 輸入文字

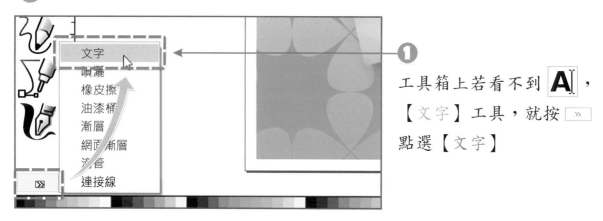

① 工具箱上若看不到 **A**，【文字】工具，就按 `»` 點選【文字】

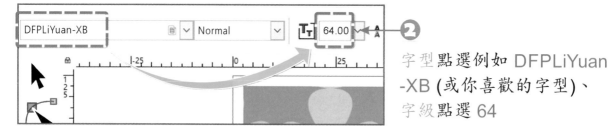

② 字型點選例如 DFPLiYuan-XB (或你喜歡的字型)、字級點選 64

中文字型名稱對照表

目前的 Inkscape 版本，會以英文來顯示中文字型的名稱。以下是對照參考：

華康字體 (DF 或 DFP 開頭)	Yuan 圓體、Ming 明體、Hei 黑體、KaiShu 楷書、HeiBold 粗黑、WaWa 娃娃、MingBold 粗明、Girl 少女字...
微軟正黑體、雅黑體	Microsoft JhengHei、Microsoft YaHei
細明體、新細明體	MingLiU、PMingLiU

● 實際能使用的字型，依每台電腦安裝的字型種類為準喔！

在頁面上點一下，輸入：
臺灣鳳蝶

📖✒ 小提示

字型與字級，此時都還可
以更改喔！

🎯 白框、陰影與多彩效果

1

按 `↖` ，再按 `Ctrl` + `D`
再製後，拖曳離開原文字
物件

2

點選原文字，設定：

填充色 - 白色
邊框色與粗細 - 白色、3

🦉 老師說

想修改文字內容或字型、字級，可以用 `↖` 快點兩下文字物件，來進行
修改。另外如要更改橫書或直書，可以到控制列點選；

`A→` 橫書   `↓↓A` 直書 (文字列 - 從右到左)   `A↓↓` 直書 (文字列 - 從左到右)

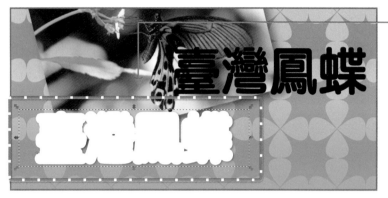

❸
按【濾鏡 / 陰影與光暈/
下落式陰影】設定陰影：

模糊半徑 - 0.5
水平偏移 - 0.5
垂直偏移 - 0.5

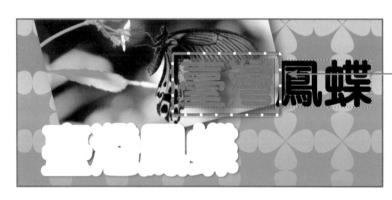

❹
用文字工具，拖曳選取另
一字串的【臺灣】，設定
填充色為　　(#FF6600)
(或你喜歡的顏色)

❺
選取【鳳】，設定填充色
為　　(#D400AA)
(或你喜歡的顏色)

選取【蝶】，設定填充色
為　　(#FF0066)
(或你喜歡的顏色)

❻
用　　拖曳字串到原字串
上方、約正中央位置，圖
卡的標題就完成囉！

5 製作說話泡泡

加入可愛的蝴蝶圖案，再製作一個對話物件，創造蝴蝶正在說話的感覺，整個畫面就更活潑生動啦！

路徑平滑化

1

按 匯入【05 - 蝴蝶.svg】，等比例縮小、安排位置，並套用濾鏡下落式陰影

2

接著調整版面約如圖示(蝴蝶照片大小、角度、位置，與標題位置)

小提示

編輯版面時，隨時調整物件的大小、角度與位置，是常見的過程喔！

老師說

因為標題是由兩個文字物件構成的，選取時，用框選的方式比較容易兩個一起選到喔！

● 為了方便往後選取，可以順便群組起來喔！

❸

按 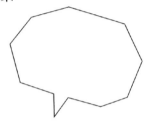【繪製貝茲曲線及直線】工具，用點一下的方式，繪製一個如圖示的圖案

❹

按 【用節點編輯路徑】工具，框選下方尖端以外的節點

🪶 小提示

也可以按住 Shift，一個一個點選，以複選節點。

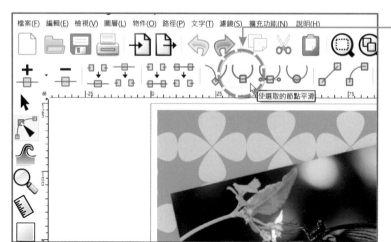

❺

按一下 【使選取的節點平滑】，原本平直的線條，就會變平滑喔！

◎ 虛線邊框

先設定填充色與邊框：

填充色 - ▨ (#FF2A7F)
邊框色與粗細 - 白色、0.75

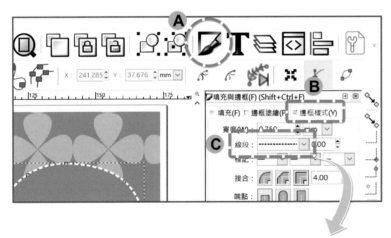

②

接著設定邊框樣式：

Ⓐ 按 ✎ 開啟填充與邊框
窗格

Ⓑ 按【邊框樣式】標籤

Ⓒ 按【線段】的下拉方塊
，點選喜歡的虛線樣式

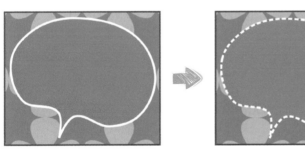

🖋 小 提 示

視需要，可自行再調整想
要的邊框粗細喔！

👨‍🎓 老 師 說

如果不是很滿意做出來的說話泡泡形狀，可以試試用 ▧【用節點編輯
路徑】工具來修改喔！

❸ 最後為說話泡泡套用陰影、再加入一個英文單字【Butterfly】，這張昆蟲圖卡就完成囉！

記得要存檔喔！

🎯 用【Google 翻譯】查找英文單字

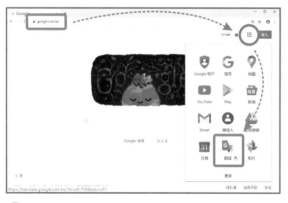

❶ 開啓 Google 首頁 (https://www.google.com.tw/)，按 ⊞，點選 📖 (翻譯)

❷ 左方按【中文】，右方按【英文】

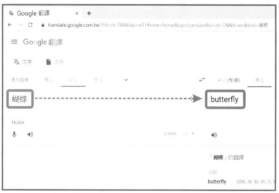

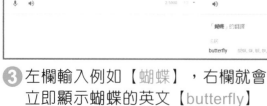

❸ 左欄輸入例如【蝴蝶】，右欄就會立即顯示蝴蝶的英文【butterfly】

Google 翻譯是我的英文小老師！

🎯 延伸學習

除了昆蟲圖卡，使用目前學會的技巧，不管是設計識字卡、問候卡、加油卡...，都難不倒我們喔！

識字卡

問候卡

加油卡

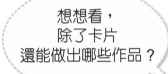

想想看，除了卡片還能做出哪些作品？

 繪圖加油站 ┃ **翻頁式卡片設計**

除了單面卡片，你還可以設計翻頁式卡片喔！以上下翻為例：

🎯 在正面上方做一個與底圖一樣大的矩形 (圖案)，如果是白底，請加上細細的虛線框(折線)

🎯 列印後，沿著邊緣裁切，就變成翻頁式的卡片囉！

( )① 用 ⭐ 畫圖，想讓圖案有圓角，要到哪裡設定？

     1.工作窗格   2.命令列   3.工具控制列

( )② 想將圖案變成圖樣，要按【物件】，然後點選？

     1.物件轉成標記 2.圖樣/物件轉成圖樣 3.物件轉成參考線

( )③ 想讓圖案填上圖樣，要按？

     1.▨   2.▧   3.☐

( )④ 按住哪個符號可以調整圖樣大小？

     1.□   2.○   3.✕

使用目前學到的技巧，到維基百科搜尋照片，設計一張【臺灣特有鳥類】的介紹卡吧！(自己畫插畫，有加分喔！)

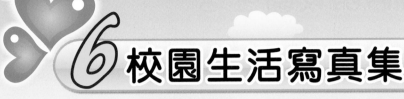

6 校園生活寫真集

- 對齊分佈、路徑加減、遮罩與波浪文字

本 課 重 點

◎ 學會路徑相加與減去

◎ 學會遮罩的運用

◎ 學會製作路徑文字

珍藏我們的校園生活

校園生活充滿了酸甜苦辣，但也因此顯得多彩多姿！讓我們將這些珍貴的回憶做成寫真集、好好保存起來吧！

② 製作造型相框

利用 Inkscape 的路徑相加、減去的功能，就可以創作特殊形狀的相框！讓我們來擺脫總是四四方方的束縛吧！Let's Go！

🎯 水平平均分佈

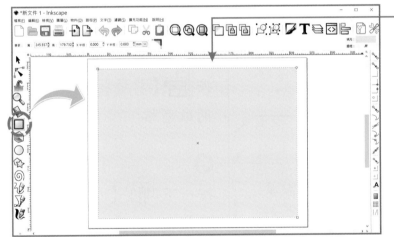

❶

頁面尺寸設定為【1024 x 768 (px)】，然後用 ▧ 在頁面裡畫一個長方形

參考 第 2 課 p29 的步驟，單位設定成【px】像素。

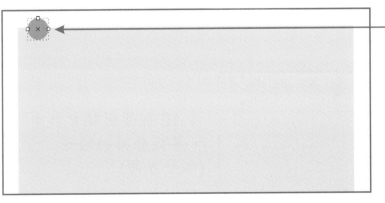

❷

用 ◯ 在圖示位置，畫一個小正圓形 (約圖示大小)

圓形的填充色，要設定成與底圖不同，較好分辨。

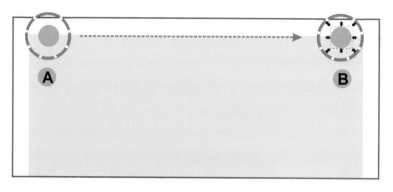

③

再製與位移：

Ⓐ 按 11 下 Ctrl + D ，再製 11 個圓形 (重疊在同一個位置上)

Ⓑ 按住 Ctrl ，絕對水平拖曳最上方的圓形到圖示位置

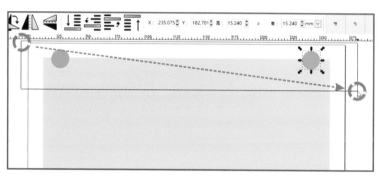

④

框選上方所有圓形

⑤

按 [圖示]【對齊和分佈物件】開啟窗格

⑥

按一下 [圖示]【水平等距分佈物件中心】

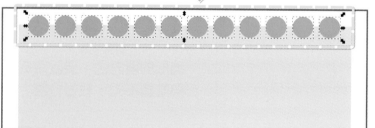

這 12 個圓形就會乖乖的，等距離排排站好 (水平方向)

垂直平均分佈

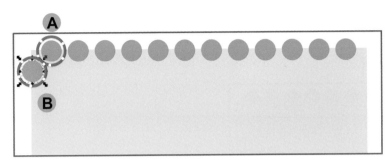

❶

再製與位移：

A 點選左上方的圓形，按 `Ctrl` + `D` 再製一個

B 拖曳到圖示位置後，按 `Ctrl` + `D` ，再製 8 個圓形

❷

按住 `Ctrl` ，絕對垂直拖曳最上方的圓形到圖示位置

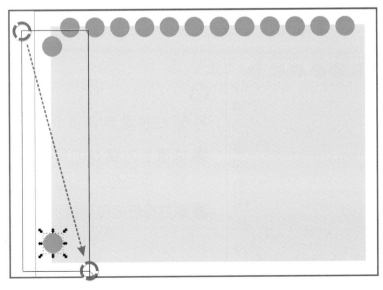

❸

框選左側圖示的所有圓形

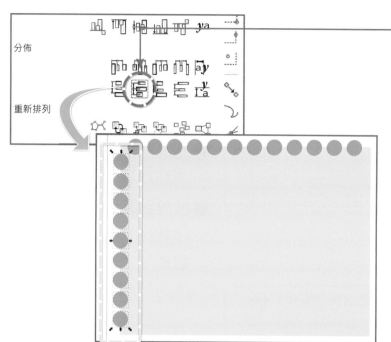

④ 按一下 [畾]【垂直等距分佈物件中心】

這 9 個圓形也會乖乖等距排好(垂直方向)

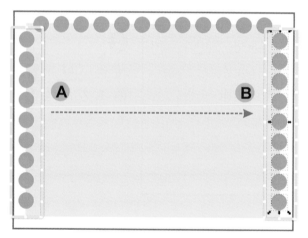

⑤ 再製左側圖案與位移：

Ⓐ 接著在選取狀態下，按 [Ctrl] + [D] 再製

Ⓑ 絕對水平拖曳到圖示位置

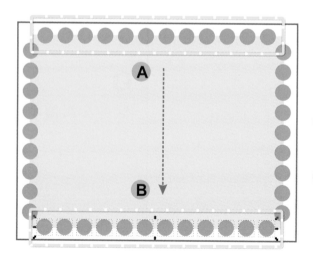

⑥ 再製上方圖案與位移：

Ⓐ 框選上方橫向的所有圓形，按 [Ctrl] + [D] 再製

Ⓑ 絕對垂直拖曳到圖示位置

路徑相加與減去

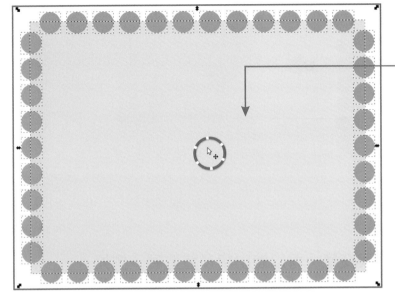

1 按 Ctrl + A ，全選圖案後，按住 Shift 點一下中間的矩形，減去底圖不選取(只選取所有圓形)

2 按【路徑 / 相加】，把所有圓形合併成一個獨立的圖案

【減去】的功能僅適用於兩個圖案！這也就是要把所有圓形合一的原因。

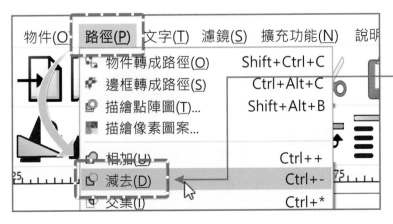

3 按 Ctrl + A ，全選圖案後，按【路徑 / 減去】，就會以下層圖案為基礎，減去上層的圖案

善用圖案的相加、減去與交集，可以做出超多造型喔！例如：

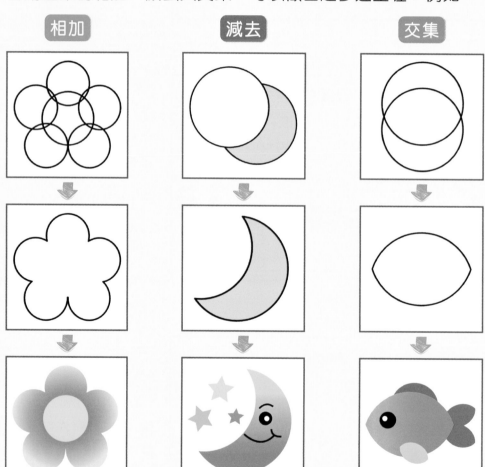

相加　　減去　　交集

● 交互使用，創造空間更是無限大！

多點漸層效果

起點

終點

1

使用 【漸層】工具，直接從左上向右下拖曳出線性漸層，接著設定：

起點色 - ■ (#FF8080)

終點色 - ■ (#55DDFF)

(或你喜歡的顏色)

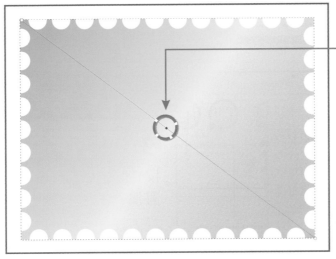

2

點兩下漸層線的大約中央位置，加入一個漸層點，然後設定顏色為：

■ (#FFEEAA)

小提示

用這個方法，想加入幾個漸層色，就加入幾個喔！

3

按 匯入【06-巴士底圖.svg】，然後用 拖曳放大、安排位置，這個特殊相框就完成囉！

3 光暈效果與文字位移

為人物照片加入光暈效果，每個人就會跟巨星一樣閃閃發亮！另外讓我們利用文字位移效果，讓標題變得更活潑吧！

◎ 剪裁照片與製作光暈效果

1

匯入照片與畫圈圈：

A 匯入【06-麻吉-A.png】

B 在照片上的圖示位置，畫一個正圓形的圈圈 (無填充色)

2

按住 Shift ，複選照片與圓圈圈後，按【物件 / 剪裁 / 設定】

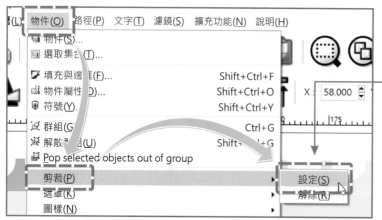

3

拖曳照片到右方，然後再畫一個比照片大一點的正圓形

填充色 - □ (白色)
邊框 - 無

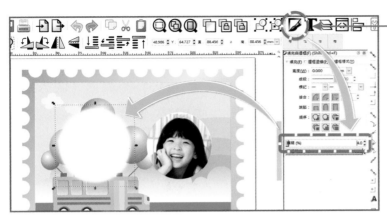

④

按 ✏️ 開啟窗格，【模糊】設定為【4】

📝 小提示

完成下一步驟後，若覺得光暈效果不太明顯，可以試著為圓形圖案加上粗一點的白色邊框喔！

⑤

按 ≡↑ 將照片移到最上層後，拖曳到光暈的上方，就會像在發亮喔！

為了方便縮放與移動，順便框選照片與光暈，群組起來吧！

⑥

等比例縮小並拖曳第一組照片(含光暈)到圖示位置

⑦

接著匯入另外兩個麻吉的照片，並完成圖示編輯

Ⓐ 06-麻吉-B.png

Ⓑ 06-麻吉-C.png

8 匯入第 4 課成果 (個人公仔)，然後等比例縮小、安排位置如圖示

9 用 【繪製手繪線】工具，沿著公仔外圍畫出一個圖示圖案
(輪廓稍微比公仔大一點)

10 移開公仔，並按 將它移到最上層

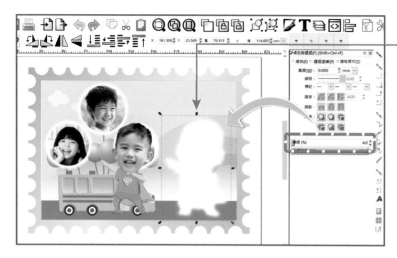

⓫

先設定手繪圖案填充色為
白色、邊框無

接著設定模糊為【4】

⓬

拖曳公仔到光暈上，就完
成所有照片與公仔的編排
囉！

順便將公仔與光暈，群組
起來吧！

🎯 文字位移

❶

用【文字】工具，在圖示
位置輸入文字：
【麻吉BUS】(巴士)

字型 - DFPLiYuan-Bd
字級 - 72

用【文字】工具拖曳選取
【吉BUS】

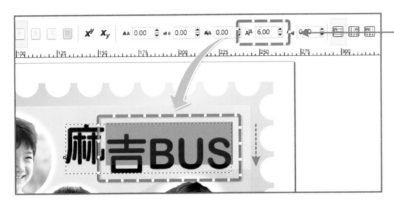

到控制列上，將 AA【垂
直位移】，設定為【6】
(選取的文字往下移)

起點 ----→ 終點

用【漸層】工具，設定線
性漸層如圖示

起點色 -	(#CC00FF)
終點色 -	(#FF6600)

(或你喜歡的顏色)

最後套用一下你喜歡的濾
鏡，這張【麻吉巴士】就
完成囉！記得要存檔喔！

圖示為【濾鏡 / 凹凸 / 畫
布凹凸】效果。

製作膠捲形狀底圖

復古的膠捲，也充滿了回憶的感覺！讓我們使用這個點子，來創作膠捲形狀的底圖吧！

1

新增另一個檔案，頁面設定為1024 x 768 (單位px)，接著按 【繪製貝茲曲線及直線】工具

2

開始畫曲線：

- 在 A 處點一下
- 到 B 處按住滑鼠不放，向右下方拖曳
- 到 C 處放開滑鼠
- 到 D 處點一下，再按一下滑鼠右鍵，取消選取

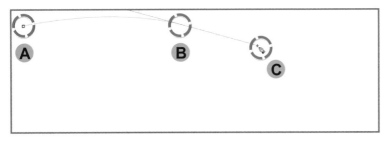

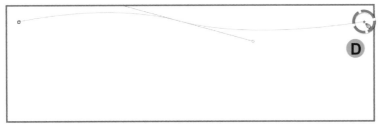

3

就完成一段平滑的曲線

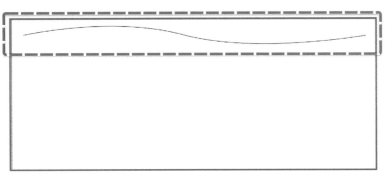

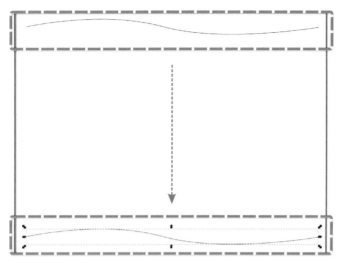

④ 按 ▶ ，再製曲線後，按住 Ctrl 不放，絕對垂直方向拖曳到下方圖示位置

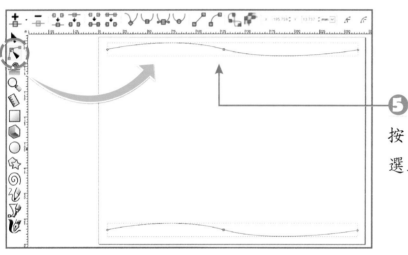

⑤ 按 ▶ ，再按住 Shift 複選上方的曲線

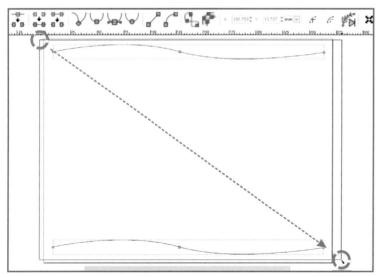

⑥ 用 ▶ 框選兩段曲線，全選節點

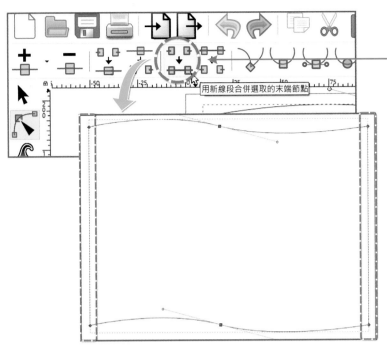

用新線段合併選取的末端節點

7 按一下控制列上的

【用新線段合併選取的末端節點】

前後端的節點就會以直線連接起來，變成一個圖案

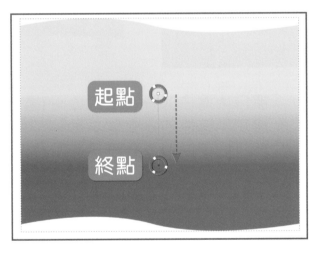

起點

終點

8 按 ，將邊框移除後，用【漸層】工具設定線性漸層：

| 起點色 - | (#EEFFAA) |
| 終點色 - | (#2A7FFF) |

9 按 ，先畫一個白色正方形，接著用再製與水平分佈的技巧，完成膠捲形狀的底圖吧！

倒影與浮凸效果

除了光暈效果，還有什麼方法可以讓照片更特殊、更引人注目呢？
來試試看倒影與浮凸效果吧！

◎ 【遮罩】

【遮罩】與【剪裁】都可以自訂想要顯示的影像區域，但【遮罩】
可以用【漸變透明】的方式呈現影像，這是【剪裁】做不到的喔！

 +  ➡

遮罩的原理：
被白色遮住的→會變全透明 (看得見)
被灰色遮住的→會變半透明
被黑色遮住的→會變不透明 (看不見)

◎ 用【遮罩】做倒影

①

匯入【06-賽跑.png】，
然後在照片上畫個長方形

填充色 - 移除填色
邊框寬度 - 1mm

2

按住右上角的 ○ 不放

3

向下拖曳，就會出現圓角
(越往下，圓角越大；反之
圓角越小)

完成後，複選照片與圓角
矩形，剪裁一下

4

接著完成圖示編排：

Ⓐ 等比例縮小右方照片，
安排到圖示位置

Ⓑ 匯入【06-趣味競賽.png】
，使用❶~❸技巧，也
完成圖示剪裁與縮放吧！

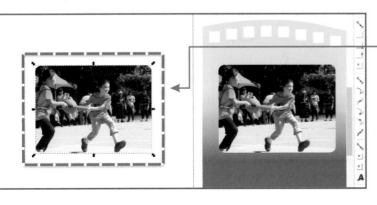

5

點選趣味競賽照片，再製
後，移到頁面外

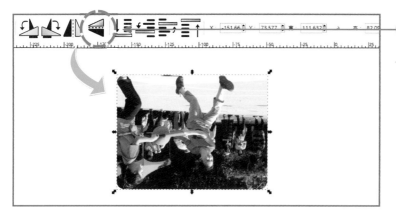

按一下  垂直翻轉

7

在照片上畫一個稍微大一點的矩形，接著設定線性漸層如圖示

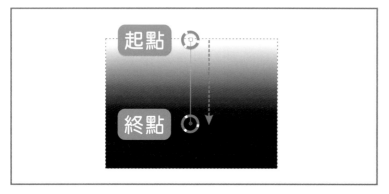

起點色 - ☐ (白色)
終點色 - ■ (黑色)

8

框選漸層圖案與照片

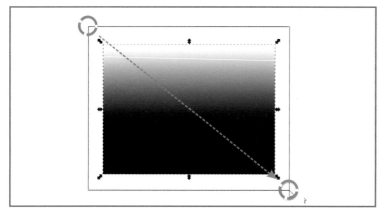

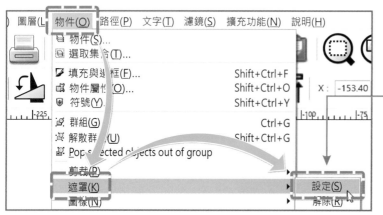

按【物件 / 遮罩 / 設定】

⑩

拖曳遮罩化的照片到原照片下方，並壓扁如圖示

 繪圖加油站 各種倒影效果參考

在網路上，或實際拍攝的照片上，有很多倒影效果可拿來觀摩參考，搭配目前學到的技巧，幾乎都可以做到類似的效果喔！

浮凸效果

①

在左方的照片上，畫一個稍微小一點的矩形

> 填充色 - 移除填色
> 邊框色與粗細 - 白、2mm

> 畫出的矩形若有圓角，按一下控制列上的 ⌐，就會恢復正常。

②

按 🖊 開啟窗格，將模糊設定為【3】
照片就有浮凸的效果囉！

③

接著也為另一張照片加上浮凸效果吧！

6 波浪文字標題

文字物件，再加上一條曲線，就可以讓文字沿著路徑排列！不僅有趣，還有流動的動態感覺喔！讓我們來做一個波浪文字標題吧！

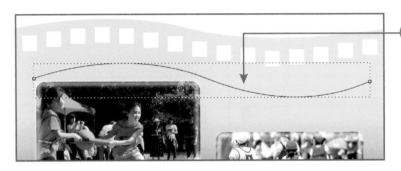

1 用 ✏️ 畫一段如圖示般的曲線

2 用【文字】工具，輸入文字：飛揚的青春 GO!GO!GO!

字型 - DFPLiYuan-Bd
字級 - 60

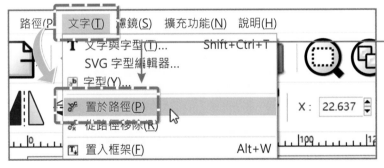

3 用 ➤ 複選文字與曲線後，按【文字 / 置於路徑】

4 在空白處點一下取消選取後，用 ✏️ 點選曲線

複製顏色
貼上顏色
調換填充和邊框
使邊框不透明
未設定邊框
移除邊框

填充
邊框：

• 圖層 1 ∨ 拖曳可選取節點，點擊

5

移除邊框，把曲線隱藏起
來

6

接著再製文字，設定：

Ⓐ 上層 - 多點線性漸層
Ⓑ 下層 - 白框與陰影

> 如何設定白框與陰影，在
> 第 5 課就學過囉！

7

將上下層組合，就變成繽
紛的波浪文字標題囉！
(可順便群組起來)

8

匯入【06-熱氣球.svg】
再調整一下各物件的大小
與位置！這張【飛揚的青
春】就完成囉！

記得要存檔喔！

延伸做出更多寫真創作

用自己準備的照片，創作更多張寫真影像，【校園生活寫真集】就更精彩、完整囉！

進 階 練 習 圖 庫 　　　　相框

本書光碟【進階練習圖庫／相框】有許多相框，提供給你做練習喔！

 練功囉

( ) ① 想讓多個圖案以水平方向等距排列,要按?

1. ![icon] 2. ![icon] 3. ![icon]

( ) ② 想以下層圖案為基礎,減去上層的圖案,要按?

1. 路徑 / 減去　　2. 路徑 / 排除　　3. 路徑 / 分割

( ) ③ 遮罩的原理,黑色的部分會讓照片變怎樣?

1. 半透明　　　　2. 看得見　　　　3. 看不見

( ) ④ 想讓文字沿著線條排列,要按?

1. 文字/置於路徑　2. 文字/置入框架　3. 文字/從路徑移除

 練功囉

創造一個特殊造型的相框,加入自己準備的照片,完成更多張
校園生活寫真創作吧!(製作越多張,加分越多喔!)

示範參考

7 小熊做體操-GIF動畫

- 用 PhotoScape 做動畫

大家一起動一動！

圖片變成動畫更厲害

適當的運動，是維持健康的好習慣！本課讓我們用 Inkscape 來設計動作，再運用 PhotoScape、簡單幾個步驟，就能製作出活潑、有趣的【小熊做體操】動畫喔！

用 Inkscape 設計動作

用 PhotoScape 製作動畫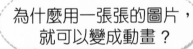

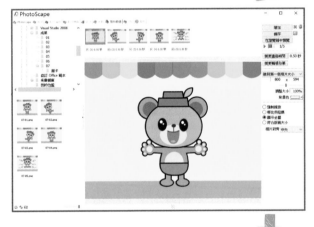

為什麼用一張張的圖片，就可以變成動畫？

形成動畫的原理 - 視覺暫留現象

在下一個影像出現前，上一個影像還會暫時停留在視網膜上，這就是所謂的【視覺暫留】現象。我們可以藉由連續播放一張張影像的方式，做出動畫的效果！例如：

每張圖片的差異越大，動畫效果就越明顯喔！

2 用 Inkscape 設計動作

以【小熊做體操】為主題，讓我們幫小熊設計動作，然後循序匯出成圖卡，做為動畫的素材吧！

站立　　左扭　　右扭　　蹲下　　跳起

◎ 動作 1 - 站立

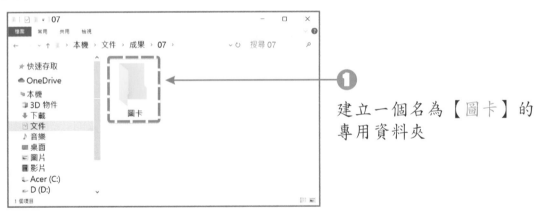

❶

建立一個名為【圖卡】的專用資料夾

❷

開啟範例檔案【07-小熊.svg】，然後直接輸出變成第 1 張圖卡：

Ⓐ 按 [匯出圖示]

Ⓑ 點選【繪圖部份】

Ⓒ 按【匯出成】

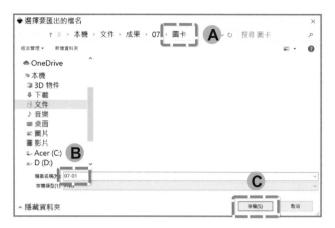

❸

指定儲存資料夾與命名：

Ⓐ 開啟【圖卡】資料夾

Ⓑ 檔案名稱輸入【07-01】

Ⓒ 按【存檔】

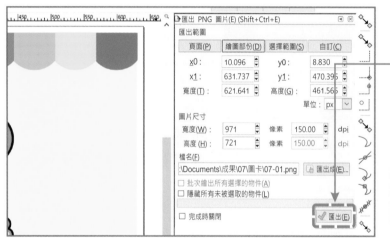

❹

按【匯出】，就完成第 1
張圖卡 (站立) 的製作囉！

記得按【檔案 / 另存新檔】
，將原SVG檔命名為【07
-小熊-動作 1】儲存起來。

✒ 小提示

本課的動作設計教學，只
是練習，實際上，你可以
自由創作喔！

🎯 **動作 2 - 左扭**

❶

用 ▶ 點兩下圖示的手，
使變成可旋轉狀態

2 旋轉約圖示角度，並拖曳到圖示位置

3 接著旋轉圖示的腳、安排位置如圖示

4 從空白處拖曳框選整隻小熊

⑤ 再點一下選取的物件，變成可旋轉狀態後，會出現十字的旋轉中心點

⑥ 拖曳 十 到下方圖示的位置，自訂旋轉中心點

⑦ 接著旋轉整隻小熊如圖示

8

點選【繪圖部份】，接著命名為【07-02.png】匯出成第 2 張圖卡吧！

> 記得按【檔案 / 另存新檔】，將原SVG檔命名為【07-小熊-動作2】儲存起來。

🎯 動作 3 - 右扭

1

再度開啟【07-小熊.svg】，設計動作如圖示，然後取消選取

接著命名為【07-03.png】匯出成第 3 張圖卡吧！

> 記得按【檔案 / 另存新檔】，將原SVG檔命名為【07-小熊-動作3】儲存起來。

🎯 動作 4 - 蹲下

1

再度開啟【07-小熊.svg】，然後框選除了雙腳以外的部分

❷

使用鍵盤的 ⬇ (向下鍵)，移動選取的物件到圖示位置

接著命名為【07-04.png】匯出成第 4 張圖卡吧！

記得按【檔案／另存新檔】，將原SVG檔命名為【07-小熊-動作4】儲存起來。

◎ 動作 5 - 跳起

❶

再度開啟【07-小熊.svg】，旋轉圖示的手、並安排到圖示位置

❷

按 ✏, 拖曳節點、調整手臂的形狀如圖示

可以使用 🔍, 局部放大區域，更方便編輯喔！

3 旋轉另一隻手,調整位置與形狀如圖示

4 接著調整雙腳角度與位置如圖示

5 框選整隻小熊,移動到圖示位置

6

取消選取後，按 ✒ 【繪製書法或畫筆筆觸】工具，接著設定：

Ⓐ 寬度 - 20

Ⓑ 填充色 - ▆ (#FF5555) (或類似的顏色)

7

在圖示位置，徒手畫出像彩帶的圖案

畫出的圖案若有邊框，記得將它移除喔！

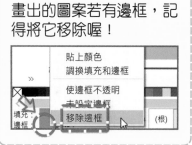

8

按 ▶ ，取消選取後，更改填充色，陸續畫出其他彩帶

最後命名為【07-05.png】匯出成第 5 張圖卡吧！

記得按【檔案 / 另存新檔】，將原SVG檔命名為【07-小熊-動作 5】儲存起來。

3 PhotoScape 動畫製作介面

【PhotoScape】可以做影像處理，更可以輕鬆做 GIF 動畫喔！讓我們先來認識一下它的動畫製作介面吧！

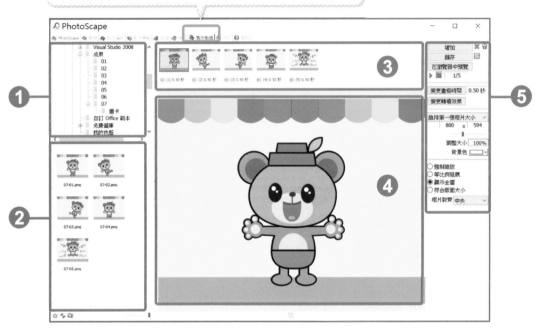

啟動【PhotoScape】後，按【製作動畫】

① **目錄區** 顯示電腦中的所有資料夾

② **資料夾內容** 顯示資料夾中的圖片

③ **畫格 (影格) 區** 拖曳圖片到此區，進行畫格順序的安排

④ **畫面** 顯示畫格畫面與預覽動畫播放

⑤ **設定區** 設定畫格時間、添加圖片、轉場效果、畫面大小、匯出動畫...等功能

 老師說

下載與安裝【PhotoScape】，可以參考教學影片喔！

4 製作 GIF 動畫

讓我們將圖卡匯入【PhotoScape】，開始做 GIF 動畫吧！

◎ 匯入圖卡到畫格區

1 點開儲存圖卡的資料夾，下方就會顯示裡面的所有圖卡

2 循序將圖卡拖曳到畫格區中，就會自動開始預覽播放喔！(預設是0.5秒播放一張)

小提示

點選某畫格，按 Delete，即可將它從畫格區刪除。

◎ 設定影格時間

1 按 ■ 停止播放後，點選最後一張畫格

按【變更畫格時間】

視需要將某些畫格的停留時間設長一點，可以讓動畫比較有節奏感。

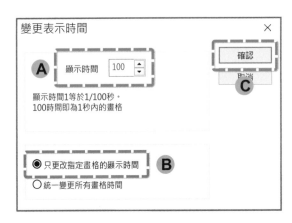

3

設定：

A 顯示時間更改為【100】(=1秒)

B 點選【只更改指定畫格的顯示時間】

C 按【確認】

如果點選【統一變更所有畫格時間】，會讓所有畫格播放時間都一樣喔！

🎯 匯出成 GIF 動畫

1

按【儲存】

【儲存】(匯出) 前，可以按 ▶ 預覽一下播放。

2

按【是】

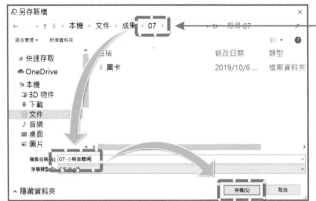

③ 開啟儲存資料夾，命名為【07-小熊做體操】，然後按【存檔】

匯出完成後，按【確定】

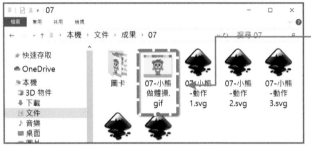

④ 開啟儲存資料夾，點兩下【07-小熊做體操.gif】，就會以預設軟體播放動畫囉！

繪圖加油站　製作動態相簿

利用 PhotoScape 製作動畫的功能，你也可以匯入第 6 課完成的所有寫真創作，編輯成【動態相簿】喔！

設定【轉場特效】，可以在切換圖片時有動態效果喔！

( )① 用哪個軟體可以製作動畫？

　　1. Word　　　　　2. Inkscape　　　3. PhotoScape

( )② 形成動畫的原理是？

　　1. 轉動眼球　　　2. 視覺暫留現象　3. 盯住畫面

( )③ 哪個符號是旋轉物件的中心點？

　　1. ＋　　　　　　2. ↩　　　　　　3. ↕

( )④ 用哪個工具可以手繪筆觸？

　　1. [✏]　　　　　2. [🖊]　　　　　3. [✒]

挑一個自己畫過的人物或卡通圖案，發揮想像力，幫它設計幾個動作，再將它們製作成動畫吧！(越有巧思，加分越多喔！)

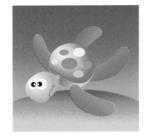  

示範參考

8 3D 列印小吊飾

- 用 Inkscape SVG 檔做 3D 模型

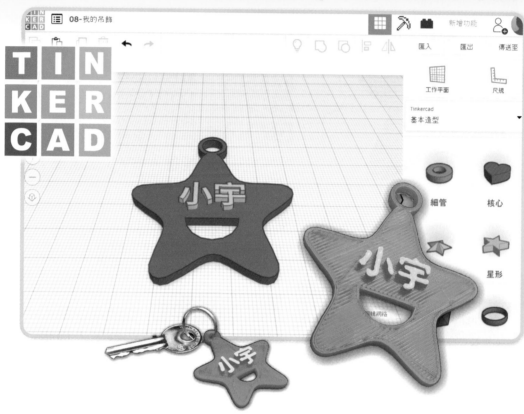

超酷的 3D 列印

神奇的 3D 列印，積木、玩具、吊飾...都能列印，利用 Inkscape 做出來的作品，透過 3D 建模軟體轉換成 3D 模型，大增軟體學習的實用性，本課就以小吊飾為例，來把 SVG 檔轉成 3D 列印出來吧！

3D 建模

可以做 3D 建模的軟體有 Tinkercad、123D Design...等。其中 Tinkercad 介面簡潔、易懂易學，還能匯入 SVG 來建模！

讓 3D 列印機執行列印

從建模軟體匯出檔案，再讓列印機讀取、列印。

成品

實體顏色取決於列印機的色料，有需要的話，可以再自行上色喔！

② 啟用與認識 Tinkercad 介面

使用線上版【Tinkercad】，只要能上網，就能在任何一台電腦上使用，不需特地安裝喔！讓我們啟用並認識一下它的介面吧！

◎ 啟用 Tinkercad 線上編輯器

① 啟動瀏覽器，開啟官網 (https://www.tinkercad.com)

② 第一次使用，要先按【註冊】，申請帳號

按【建立個人帳戶】，按照指示完成申請

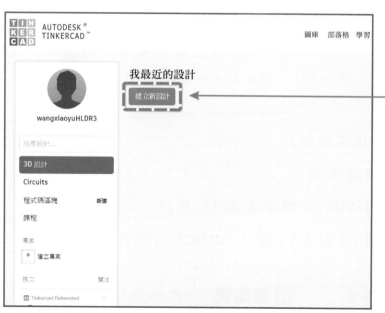

③ 完成申請後，在首頁按【登入】即可開啟個人專頁

接著按【建立新設計】，開啟 3D 設計頁面

🎯 操作介面簡介

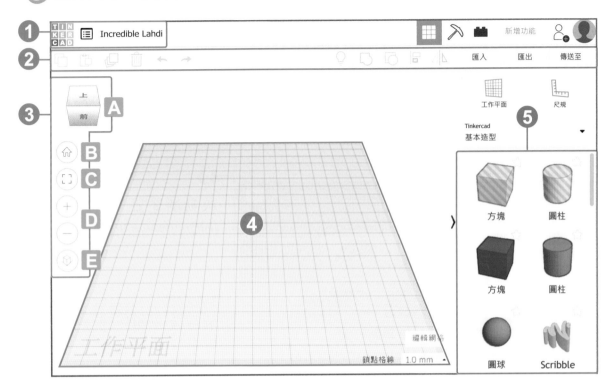

1 按 🔲 回個人專頁；▤ 右方是作品名稱 (可自訂)

2 工具列 常用的工具，例如 🗐 複製、📋 貼上、🔗 群組、🔲 對齊...

3 畫面視角檢視

A 預設是 立體檢視，按 、 、 角落或邊緣切換角度；按 或 切換平面檢視→按 的 ◀▶▲▼ 切換前後上下左右檢視 (平面)

B 按 ⌂ 恢復預設檢視 (立體檢視)

C 按 將選取的模型佈滿視圖

D 按 + 放大畫面 (拉近)；按 − 縮小畫面 (拉遠)

E 按 切換至平面視圖 (正投影)；按 切換至透視視圖

4 工作平面 創作模型的平台　　**5 造型區** 內建的模型庫

③ 平面星星變 3D

Tinkercad 可以匯入用 Inkscape 畫的圖案，輕鬆變成 3D 模型喔！
讓我們匯入一個星星圖案，開始做小吊飾吧！

◎ 匯入 SVG 檔案

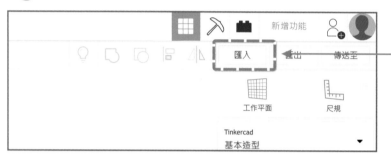

到工具列按【匯入】，讓
我們匯入一個用Inkscape
畫好的星星圖案

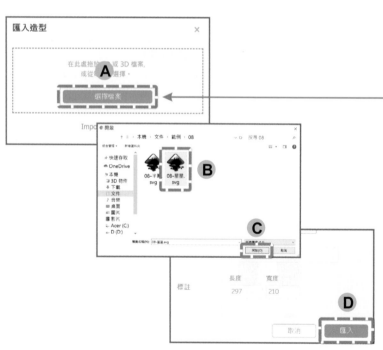

匯入【08-星星.svg】：

Ⓐ 按【選擇檔案】

Ⓑ 點選【08-星星.svg】

Ⓒ 按【開啟】

Ⓓ 按【匯入】

 老師說

根據 3D 列印機實際能列印的尺寸，可
以按工作平面右下方的【編輯網格】來
更改它的寬度、長度 (單位公釐)。

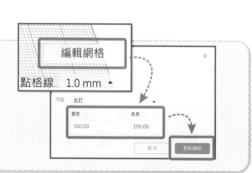

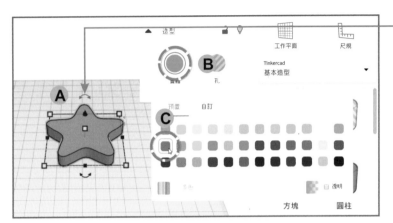

3 自訂預置顏色：

A 點一下星星模型 (會自動開啟【檢查器】面板)

B 按一下【實體】

C 點選 ▇ 圖示紅色，更改模型的預置顏色

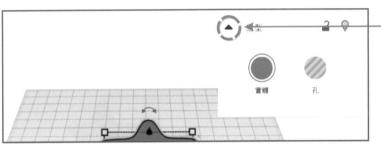

4 按 ▲ 隱藏檢查器

 小提示

隱藏後，按一下 ▼ 即可再展開。

🎯 設定長、寬、高

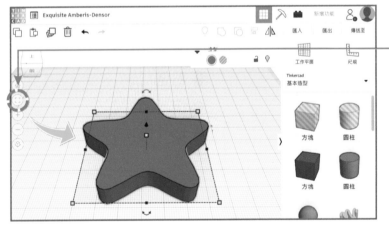

1 按一下 ⟨ ⟩ ，讓星星佈滿視圖

老師說

匯入 SVG 檔案常見問題

避免匯入太細或太複雜的圖案，可能會導致無法匯入或破碎喔！

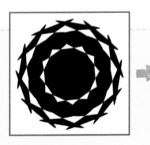
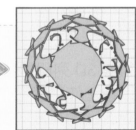

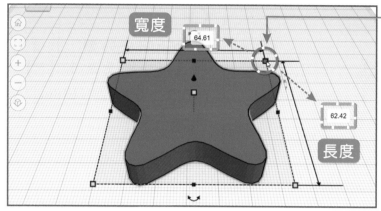

2

游標移到角落的控點上，會顯示長、寬尺寸數值(單位為公釐，例如10公釐=1公分)

小 提 示

按住角落 ■，可徒手拖曳縮放。

按住中央 ■，可徒手拖曳拉高或減低高度。

按住↖↘，可拖曳旋轉。
按住↖↘，可翻轉。

3

點一下 ■ 控點，再點一下右方的長度數值欄

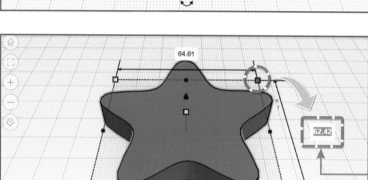

4

輸入【50】(=5公分)，按 Enter 完成長度設定

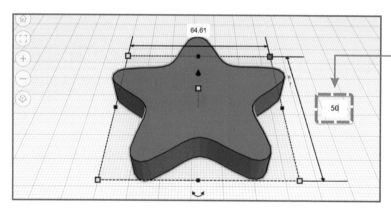

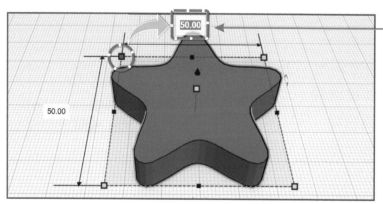

5

接著再設定寬度的數值為【50】，完成寬度設定

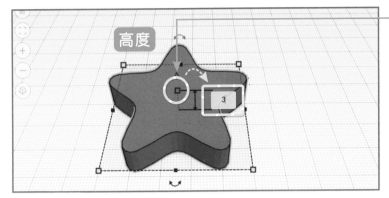

6

點一下中央的 ■，接著將高度數值更改為【3】(=0.3公分)，按 Enter 降低高度

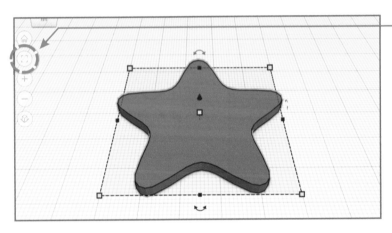

7

接著按一下 ⬚，讓星星佈滿視圖

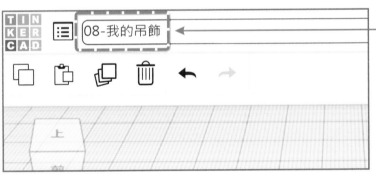

8

點一下名稱處，輸入【08-我的吊飾】，按 Enter，更改作品名稱

> 線上版 Tinkercad 會自動將作品儲存在雲端，不用另外按存檔。

 老師說

按 **TINKERCAD** 回到個人專頁，上面會列出你的所有 3D 作品。
而在專頁上也可以進行設計管理喔！

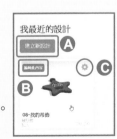

Ⓐ 按【建立新設計】，可新建檔案。
Ⓑ 游標移到縮圖，按【編輯此內容】，可開啟作品繼續編輯。
Ⓒ 按 ⚙，可複製、刪除作品。

4 製作微笑的星星 (打洞)

用一個簡單的半圓模型在星星上打個洞 (穿透)，就可以讓星星有微笑的表情喔！這就是 3D 建模時，常見的【相減】作法。

1

按 ，切換到俯視視角

2

匯入【08-半圓.svg】，拖曳到約圖示位置

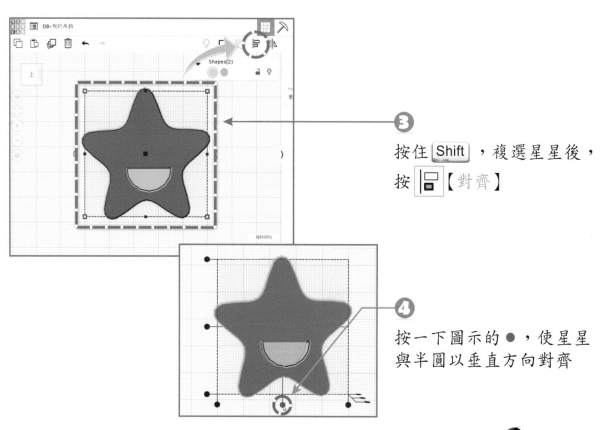

3

按住 Shift ，複選星星後，按 【對齊】

4

按一下圖示的 ●，使星星與半圓以垂直方向對齊

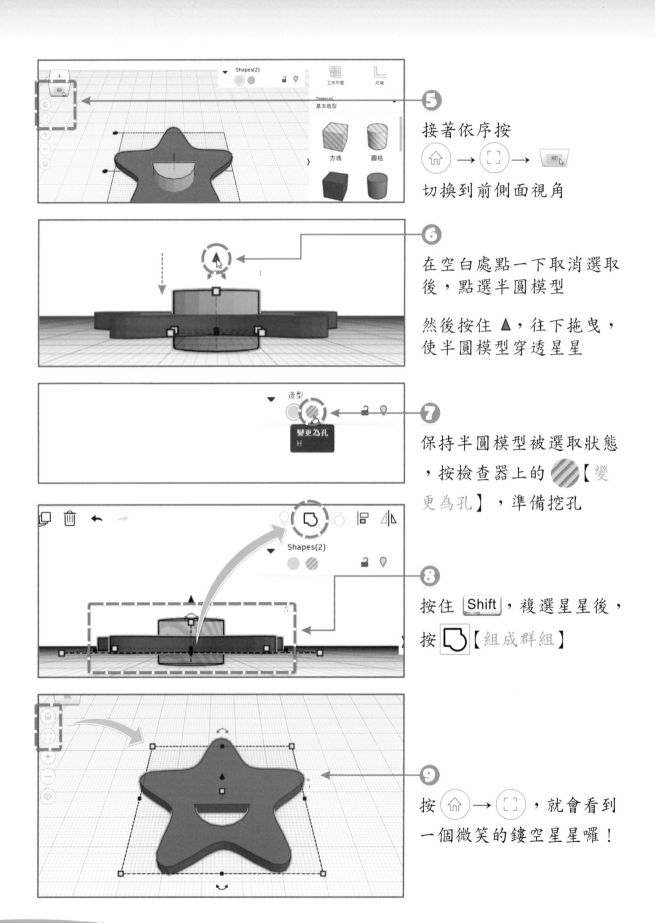

接著依序按

⌂ → [ ] → 刪

切換到前側面視角

在空白處點一下取消選取
後，點選半圓模型

然後按住 ▲，往下拖曳，
使半圓模型穿透星星

保持半圓模型被選取狀態
，按檢查器上的 【變
更為孔】，準備挖孔

按住 Shift，複選星星後，
按 【組成群組】

按 ⌂ → [ ]，就會看到
一個微笑的鏤空星星囉！

⑤ 製作 3D 名字與吊環

在吊飾上加上一個名字模型，就更個人化、獨一無二囉！另外，加上吊環，才是名符其實的【吊飾】喔！

🎯 製作 3D 文字

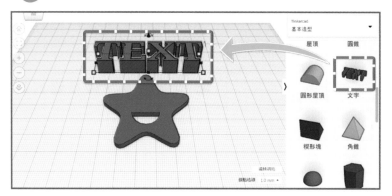

❶ 到造型區拖曳
(文字) 到工作平面上

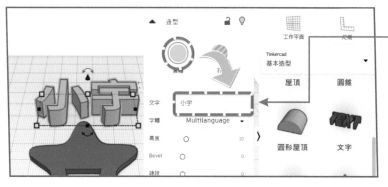

❷ 展開檢查器，設定顏色為 ⬜ ，接著輸入【小宇】

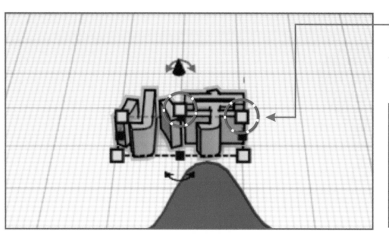

❸ 按控點，設定長、寬、高，分別為 10、20、5

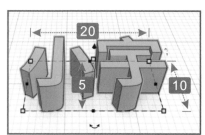

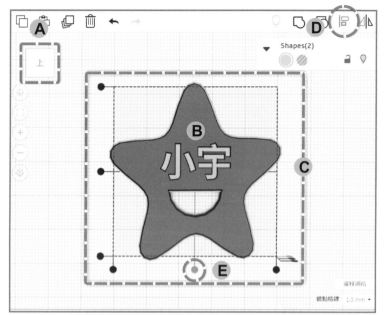

④

對齊星星與文字：

Ⓐ 按 上 切換到俯視視角

Ⓑ 拖曳文字到星星上、約中央靠上位置

Ⓒ 複選星星與文字

Ⓓ 按 【對齊】

Ⓔ 按圖示 ● ，使垂直對齊

🎯 製作吊環

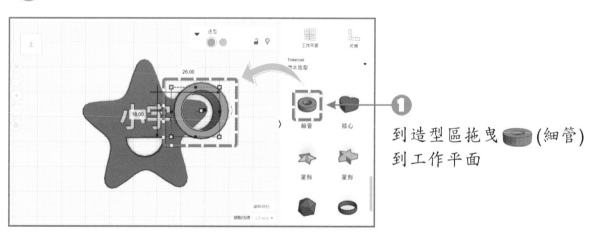

① 到造型區拖曳 🍩 (細管) 到工作平面

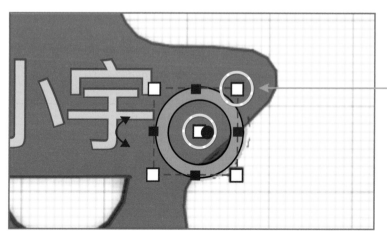

② 按控點，設定長、寬、高，分別為10、10、3

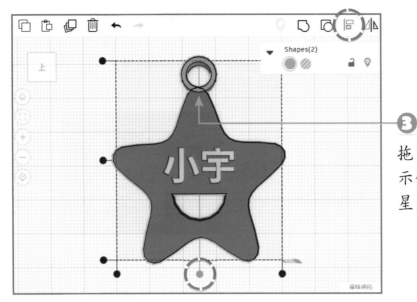

❸

拖曳細管到星星上方 (圖
示位置)，接著垂直對齊
星星與細管

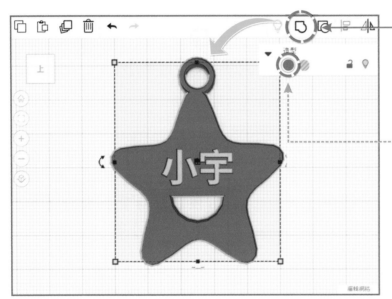

❹

最後按 ⬡【群組】，將
星星與細管合併

若預置顏色變成其它色彩
，可再將它更換回紅色。

小提示

合併模型，是 3D 建模時
常見的【相加】作法。

❺

按 ⌂ → [ ]，切換到透
視角度，接著在空白處點
一下取消選取，這個萬用
的小吊飾就完成囉！

◎ 匯出成 STL 格式檔案

大多數的 3D 列印機都支援【STL】格式的 3D 模型檔案。現在就讓我們將小吊飾匯出成【STL】檔案、保存起來吧！

3D 建模　　　　匯出成 STL 檔案　　　3D 列印實體化

(圖示會因安裝軟體而異)

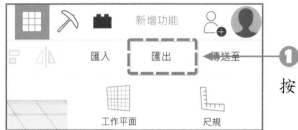

① 按【匯出】

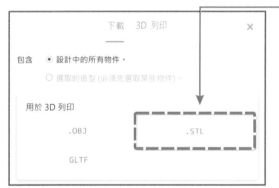

② 按【.STL】，就會將作品匯出到電腦中囉！
(預設儲存資料夾是【本機/下載】)

> 列印出來的實體色彩，取決於列印機的色料；你可以在列印後自行著色喔！

◎ 小吊飾的使用

3D 列印出來的小吊飾，想用在哪裡，就用在哪裡，例如：

鑰匙圈

項鍊

悠遊卡套

練功囉

想想看，除了小吊飾，還可以做什麼可愛小物呢？老師想到的有：小戒指、置物小盒、小汽車喔！大家來挑戰一下吧！
(完成的作品越多，加分越多喔！)

 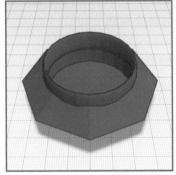 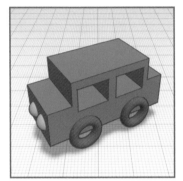

示範參考

學習到這，你不僅會畫圖、會影像處理、會做動畫，還會 3D 建模喔！
發揮想像力、善用學到的技巧，一起變成創作高手吧！

加油！

Inkscape + Tinkercad 繪圖超簡單

圖書編號：SA35
ISBN：978-986-96307-1-9

作　　者： 小石頭編輯群‧夏天工作室
發 行 人： 吳如璧
出 版 者： 小石頭文化有限公司
　　　　　 Stone Culture Company
地　　址： 台北市內湖區康寧路三段22-1號2樓
電　　話： (02) 2630-6172
傳　　真： (02) 2634-0166
E - mail ： stone.book@msa.hinet.net
郵政帳戶： 小石頭文化有限公司
帳　　號： 19708977

致力於環保，本書原料和生產，均採對環境友好的方式：
‧日本進口無氯製程的生態紙張
‧Soy Ink 黃豆生質油墨
‧環保無毒的水性上光

SAVE THE WORLD

PRINTED WITH SOY INK

ECO-PULP
エコパルプ

國家圖書館出版品預行編目(CIP)資料

Inkscape + Tinkercad 繪圖超簡單
/小石頭編輯群‧夏天工作室 編著
-- 初版 -- 臺北市：小石頭文化，2020 .04
　　　　　面； 公分

　 ISBN 978-986-96307-1-9 (平裝)

　1. 電腦教育　　2. 電腦繪圖
　3. 電腦軟體　　4. 中小學教育

523.38　　　　　　　　　109004415

定價 249 元 ‧ 2020 年 04 月　初版

書局總經銷：
聯合發行股份有限公司
電話:(02) 2917-8022

學校發行：
校園文化事業有限公司
電話: (02) 2659-8855

零售郵購：
服務專線: (02) 2630-6172